공방학개론

공방학개론

창업부터 판매, 수업, 브랜딩, 출강까지
고객은 물론 기업까지 주목하는
탄탄한 핸드메이드 공방 만들기

조슬린

프롤로그
×××××

더 이상 선원이 아닌, 선장으로 살아가길

바다는 그리운 곳입니다. 소중한 이들과 해변을 거닐던 아름다운 기억이 있는 곳입니다. 파도 소리, 몸집보다 훨씬 커다란 튜브, 갈매기의 울음소리, 발톱과 발가락 사이의 간질간질한 모래의 질감이 생생한 곳입니다. 공방을 시작하기 전, 저는 바다와 선박 사이에서 벌어지는 일들을 연구하고 관리했습니다. 일을 하며 너무나 힘든 경험을 겪어낸 곳도 바다였고, 사랑하는 이들과 해변에서 아름다운 추억을 만든 곳 역시 바다였죠.

하지만 저는 인생이라는 바다 위에 스스로 올라섰던 적은 없었습니다. 매번 몸이 겨우 턱 밑까지 잠길 정도의 용기를 어설프게 내볼 뿐이었죠. 그러나 시간이 지나면 홀로서기라는 이름으로 누구나 삶을 바다 위로 내던져야 할 때가 옵니다. 망망대해 위에서 살아남아야 할 때가, 뭍에서 떠나 불안정한 너울거림 위로 올라서야 할 때가요. 저에게는 그 시작이 공방 창업이었습니다.

바다를 멀리 여행하기 위해서는 생각보다 크고 튼튼한 배가 필요합니다. 보통의 '선원'들은 그저 배에 올라탔다 제때 내려오기만 할 뿐, 크고 튼튼한 배를 만드는 법까지는 굳이 기억하려 하지 않습니다. 그러나 그 배를 이끌고 바다로 직접 나아가야 하는 항해의 주인, 즉 '선장'은 다릅니다. 내 몸 하나만으로 배의 뼈대부터 조타기까지 배 전체를 스스로 만들고 이끌어야 하는 상황이라면 배와 관련한 모든 지식이 비로소 생명줄과 같아집니다. 바다 위에 떠오를 선박은 처음부터 제대로 만들지 못하면 바다에 나가 쉽게 좌초될 수 있기 때문입니다.

해양공학을 공부할 때 처음 접하는 '조선학개론'에는 배를 만드는 방법에 대한 기초적인 내용이 들어 있습니다. 선박에는 선원들이 아늑하게 쉴 수 있는 선원실과 화물을 실을 수 있는 화물 데크, 배의 형태를 유지하기 위한 구조 시설 외에도 레이더, 발라스트, 앵커 등 놀라울 만큼 수많은 장치가 들어간다는 사실을 이때 배우게 되죠. 외로이 항해하는 선원들을 위한 놀이 공간도 필요하고, 심지어는 체력 단련실도 있어야 한다는 것도 배웁니다.

이 책은 바로 그 '공방이라는 배'를 만들 선장을 위한 책입니다. 공방을 만들어 새로운 꿈을 향해 항해하고자 하는 당신을 도울 '공방학개론'입니다. 여러분이 손에 들고 계시는 이 두툼한 책에는 나만의 핸드메이드 아이템을 고르는 법부터 제작에서 판매까지의 일련의 과정은 물론, 공방의 수익 구조와 브랜딩, 기업 출강과 브랜드 콜라보레이션 노하우까지 핸드메이드를 처음 시작하는 분들이 공방을 설계하는 데 필요한 모든 내용이 담겨 있습니다.

저는 이 책에 4년간 제가 발로 뛰며 체득한 공방 브랜딩 노하우들을 꼭꼭 담아냈습니다. 공방을 창업하고 사업체를 이끌어나가는 데 필요한 지식을 독자분들에게 더욱 쉽고 알차게 전달할 수 있도록 내용도 여러 번 다듬었습니다. 핸드메이드에 대한 막연한 동경을 품고 있는 분들, 새로운 도전을 시작하고 싶은 분들, 공방 창업을 고민하는 그 모든 분들과 제 경험을 함께하고자 하나도 숨김없이 모두 적었습니다.

안전하고 편안한 뭍을 떠나 바다의 중심으로 나간 후 좌우 어디를 둘러보아도 짙은 파란색 바다만 보일 때, 우리는 갑갑하고 불안합니다. 바다가 위험하게 느껴집니다. 언제 좌초될지 몰라 안절부절못하며 위기를 맞이할 수 있습니다. 그러나 기억해야 합니다. 여러분이 만들 공방이라는 사업체는 곧 여러분 자신입니다. 망망대해에서 나를 지켜줄 선박이며, 우리의 새로운 이야기가 새겨지는 자서전입니다. 신뢰할 수 있는 든든한 배를 만들어 여러분이 손수 만든 귀한 화물을 싣고 항구와 항구 사이를 신나게 항해한다면 늘 '분명한 목적지로 향할 배'와 더불어 '언제나 새로운 바다'를 만날 수 있습니다.

무슨 일이 벌어질지 모르는 인생이라는 바다 위에서, 더 이상 일개 선원이 아닌 내가 나로서 살아가길 택한 여러분,

Bon Voyage,
망설이지 말고 함께 Voyage!

조슬린

차례
×××

프롤로그 더 이상 선원이 아닌, 선장으로 살아가길 4

공방에 관심이 생겼습니다

'나'를 알아야 창업도 할 수 있다 행복하게 일하기 위한 첫 번째 단계	17
MISSION 1 창업 목표 세우기	26
공방, 진짜 괜찮은 사업 아이템일까? 넓어지고 있는 공방의 의미와 비전	28
MISSION 2 밴다이어그램으로 나에게 맞는 아이템 찾기	38
공방 아이템 선택 시 무엇을 고려해야 할까? 시간과 공간, 비용이라는 삼요소	42
어느 아이템이 뜨는 아이템일까? 블루오션 & 레드오션 아이템과 그 특징	48
핸드메이드로 어떻게 돈을 벌 수 있을까? 대표적인 수익 구조 3가지	53
나에겐 어떤 공방이 맞을까? 상황별로 추천하는 공방 유형	62
핸드메이드 제품은 어떻게 만들까? 기획부터 출고까지, 제작 과정 A to Z	66
제품 포장은 어떻게 할까? 포장재 종류 및 소자본 패키징 방법	73

2장
공방을 열기로 마음먹었습니다

예산은 얼마나 필요할까? 내 성향에 맞는 현실적인 수익 창출 구조 선택하기	85
홈공방으로 시작해볼까? 공간 분리만 제대로 하면 이보다 효율적일 수 없다	91
쉐어공방으로 시작해볼까? 실무 노하우를 쌓기에는 최고의 공간	95
개인공방으로 시작해볼까? 내 취향대로, 나만의 브랜드가 탄생하는 곳	102
나에게 꼭 맞는 공방 매물 찾는 법 커뮤니티 사이트를 적극 활용하자	108
얼마나 팔아야 할까? 안정적인 운영을 위한 목표 매출과 재료비, 제품 정가 책정	112
어디에서 팔아야 할까? 내 작품에 날개를 달아줄 판매 플랫폼 찾기	118
창업 시 꼭 필요한 신고 절차는? 상표명 짓기부터 통신판매업 신고증 발급까지!	123
어떻게 운영해야 할까? 공방 운영 방법 3-Step 및 공방의 일주일 살펴보기	129
MISSION 3 나만의 공방 일주일 스케줄표 작성하기	136

3장
클래스와 제품 판매, 브랜딩을 시작합니다

사람들이 찾아오는 클래스란? 사례로 보는 클래스 기획 3단계	141
사람들이 구매하는 제품이란? 사례로 보는 판매 제품 기획	146
클래스 기획과 판매 기획은 어떻게 다를까? 같은 듯 다른 클래스 기획과 판매 기획	153
안정적인 클래스, 이렇게 운영합니다 신청부터 종료까지, 수업 진행법 A to Z	156
브랜딩이란 무엇일까? 깊이가 다른 공방 브랜딩을 위한 6가지 요소	166
인스타그램으로 홍보하는 법 잠재고객과 충성고객, 인스타그램에 다 있다	173
블로그로 홍보하는 법 글 못 써도 가능한 블로그 마케팅	182
제품 사진, 이렇게 찍어서 이렇게 올립니다 사진 촬영 및 제품 업로드 노하우	187
재고 관리는 어떻게 하나요? 사소해 보여도 중요한 수익 지표, 재고 관리 노하우	207

4장
공방의 수익 구조를 알아봅니다

판매 방법이 이렇게나 다양합니다 개인 쇼핑몰부터 플리마켓까지, 판매 유형별 장단점	213
온라인 방식으로 변화 중인 클래스와 기업 출강 온·오프라인 클래스와 기업 출강의 장단점	220

5장
공방 수익화의 꽃, 기업 출강과 브랜드 콜라보의 모든 것

기업 출강의 모든 것 　　　　　　　　　　　　　　　　　　　　231
출강 전 제안 메일 확인부터 출강 후 세금계산서 발행까지, 전 과정 행사 노하우

브랜드 콜라보의 모든 것 　　　　　　　　　　　　　　　　　　　243
7가지 생생한 콜라보 사례 & 경험이 없어도 콜라보 제안받는 법

6장
실전 공방 창업 시뮬레이션

지금 당장 공방을 시작한다면 해야 할 것 　　　　　　　　　　　269
창업 전 체크리스트 확인부터 공방 매물 검색과 계약, 사업자등록까지

개인공방 효율적으로 인테리어하는 법 　　　　　　　　　　　　273
목적에 맞게 구조부터 정한 다음 벽과 바닥, 조명을 신경 쓰자

매력적인 공방으로 어필하는 다양한 방법 　　　　　　　　　　　281
명함부터 만들고 네이버 스마트플레이스 등록하자

> MISSION 4　공방 운영 3-Step을 기준으로 당장 시작할 일 정하기 　　288

부록　조슬린's Q&A 　　　　　　　　　　　　　　　　　　　　　290
에필로그　새로운 시도를 망설이는 당신에게 　　　　　　　　　　296

1장

공방에
관심이
생겼습니다

'나'를 알아야 창업도 할 수 있다

행복하게 일하기 위한 첫 번째 단계

◆

공공기관 6년 차 직장인, 공방 사장님 되다

제 삶은 공방을 시작하기 전과 후로 나눌 수 있습니다. 원래는 어릴 때부터 바다를 좋아해서 바다와 관련된 일을 하고 싶었어요. 그래서 해양공학을 석사 과정까지 마쳤습니다. 석사 이후에는 선박해양플랜트연구소, 해양수산과학기술진흥원, 과학기술일자리진흥원을 거치며 약 6년간 공공기관에서 근무했고요. 공방과는 전혀 관련이 없었죠.

 공방을 운영한다고 하면 사람들은 제가 미대를 나왔거나 어느 정도 준비된 여유 있는 사람일 거라고 생각합니다. 하지만 저는 미대를 나오지 않았고 공예에 타고난 재능도 없었어요. 관련 경력도 없었죠. 친구들은 대부분이 공무원이라 지인을 통해 사업을 확장할 기회도 없었고요. 집이 하고 싶은 일을 마음껏 밀어줄 만큼 넉넉한 것도 아니었습니다. 따라서 직장생활을 하며 어느 정도 모아놓은 돈으로 소박하게 공방을 시작했어요.

공대를 나와 공공기관에서 근무했던 제가 어떻게 공방을 창업해 이렇게 책까지 쓰게 되었을까요?

이제 그 모든 이야기를 차근차근 시작해보려 합니다. 이 책은 공방을 시작하며 제2의 인생을 살게 된 저의 땀과 시간이 담긴 4년간의 공방 도전 기록물입니다. 그리고 저와 함께 공방 문화를 만들어갈 여러분을 위한 핸드메이드 공방 창업의 이정표이기도 합니다.

◆

탈출구가 필요해 시작한 '목적 없는 취미 탐색' 시간

고백하건대 저는 직장에서 하는 일이 정말 재미가 없었습니다. 힘들기도 힘들었고요. 몸은 살아 있지만 영혼은 죽어 있는 것 같았어요. 남들은 안정적인 직장에 다녀서 좋겠다고 말했지만 야근은 물론 주말에도 일을 해야 할 정도로 업무가 많았고 업무 강도가 높다 보니 별도로 공부도 많이 해야 했어요. 남들 하는 연애 한 번 제대로 할 수 없을 정도로 삶이 팍팍했습니다. 오죽하면 집 앞 애견카페에서 아르바이트하는 것이 더 행복하겠다는 생각까지 들었을까요. 강아지를 그렇게 좋아하는 편도 아니었는데 말이에요! 강아지들이 예쁜 옷을 입고 애견 풀장에서 수영하는 모습을 보고 있으면 매번 이 강아지들의 인생이 저보다 낫다는 생각이 들었습니다.

돌이켜보면 저는 저 스스로 '좋아하는 것'과 '잘하는 것', 그리고 '아는 것'의 차이를 잘 알지 못했던 것 같아요. 관련 분야 지식이 있으면 자연스레 잘할 거라 생각했고, 잘하면 따라오는 성취감으로 당연히 일을 좋아할 수 있을 거라 생각했어요. 사람의 성향에 따라 실제로 그런 경우도 많을 겁니다. 그러나 저는 아니었어요. 회사에서 즐겁게 일하기 위해서는 전공 외에 나의 성향도 매우 중요하더라고요. 나중에 깨달았죠. 저는 호기심이 많고 새로운 일을 경험하길 좋아한다는 것을요.

제가 직장을 다니며 맡았던 업무에 대해 잠깐 말씀드리면 저는 매년 초에 작성된 사업계획서에 따라 기관의 연구가 잘 진행되고 있는지 전체적인 프로세스를 관리하고 그 성과를 평가하는 일을 했습니다. 시장 상황에 따라 조금씩 변화는 있었지만 사업 계획과 진행 방법이 크게 달라지지는 않았죠. 지속적으로 무언가를 관리하길 좋아하는 사람이 이 업무를 했다면 잘 맞았을 거예요. 저는 차분한 성격이긴 했지만 업무 스타일은 창의적이고 진취적인 편이었기에 제 담당 업무에 매력을 느끼지 못했습니다.

사실 회사에서 했던 업무 중 가장 재밌었던 일도 회사의 느낌에 어울리는 홍보 물품을 디자인하는 일이었어요. 메인 업무가 아니라 잠시 맡았던 일이었는데 저는 이때 비로소 일에 의한 '짜릿함'을 경험했어요. 원래 회사를 다닐 때 제가 보던 세상은 매일 보는 보고서와 모니터, 즉 흑백 색상뿐이었는데 이 순간 '흑백이 아닌, 다양한 색채의 세상에서 살고 싶다'고 본격적으로 느껴본 거죠. 물론 다시 메인 업무로 돌아가야 했지만요.

그러던 어느 날 일하다 거울을 봤는데 제 모습이 참 처참하더라고요. 중이염과 피부염, 관절까지 욱신거리는 신경통에다가 일하느라 타이핑을 너무 많이 해 손가락 마디마디까지 아픈, 완전히 인간 종합병원 상태였어요. 결국 사는 게 사는 게 아니라는 느낌이 감정 변화로 그치지 않고 이성적인 생각으로 다다랐습니다. 이대로는 도저히 안 되겠으니 무언가 삶에 변화를 주자고요. 작은 것부터 뭐든지요. 그렇게 저는 직장생활에서 채우지 못했던 인간으로서의 존재감을 채우기 위해 퇴근 후와 주말에 다른 삶을 꾸리기 시작했어요. 탈출구를 만든 거죠.

그때부터 '뭐든 즐겁게 즐기다 보면 일에도 긍정적인 영향을 끼치지 않을까' 하는 마음으로 우선 많은 사람이 즐기는 취미부터 개인적으로 관심 있었던 분야까지 모조리 한 번씩 겪어보려고 노력했어요. 예컨대 전시회 관람이나 그림

그리기, 이색 카페 투어, 여행과 같은 일반적인 취미부터 스킨스쿠버, 포토샵, 일러스트, 영상 편집 등 다소 진입 장벽이 있는 분야까지 빠짐없이 저의 머리와 몸을 담갔다가 꺼내보는 시간을 가지려고 했습니다. 뚜렷한 목적이 있지는 않았어요. 그때그때 흥미 있는 것, 나의 시간을 알차게 만들어줄 수 있는 것들을 배우고 경험하기 시작했어요. 안정적인 회사를 잘 다니고 싶었기 때문에 삶에 활력을 불어넣어줄 취미 생활이 제 삶에서 정말 중요했습니다.

당시에는 몰랐는데 그 후 결국 모든 경험과 지식이 하나로 연결되어 공방이라는 길로 통하게 되더라고요. 처음엔 성공한 사람들이 어째서 자꾸 새로운 경험을 하려 하고 직업과 관련이 없는 것들을 배우려 하는지 궁금했어요. 하지만 내가 무엇을 잘할 수 있고 또 '새롭게' 해낼 수 있는지를 알기 위해서는 그 어떤 경험이라도 가리지 않고 시도해보는 것이 아주 큰 도움이 된다는 것을 저 역시 다양한 체험을 해보면서 알았습니다. 이 점을 여러분께 거듭 강조해드리고 싶어요.

◆

더도 말고 덜도 말고 3개월, 나에게 '여유 시간'을 주다

그 후 저는 결심했습니다. '딱 3개월만 내가 좋아하는 일을 해보자. 내가 정말 하고 싶은 일을 찾지 못해도 괜찮으니 딱 3개월만 내 인생을 진정 원하는 일들로 채워보자. 그리고 조금의 수익도 나지 않는다면 그때는 뒤도 돌아보지 말고 다시 회사로 돌아가는 거야.'

그렇게 시작한 일이 드림캐처 공방 창업이었습니다. 일을 하는 것이 이렇게 즐거울 수도 있구나, 그때 깨달았어요. 다만 수공예라는 분야가 제 전공 분야도 아니었고 수익도 예상할 수 없었기 때문에 즐거워만 하며 무작정 시간을 허비할 수는 없었습니다. 다시는 이런 시간을 스스로에게 줄 수 없다는 것을 알고 있었고, 스스로 '안되면 원래의 생활로 돌아가자'고 정해놓은 기간이 있었기 때문에 더 악착같이 배우고 다양한 것들을 시도해보려 노력했습니다.

◆

주위의 반대에도 성공한 비결은 바로 경험과 분석력!

창업 시작 후 앞서 말한 3개월 동안은 공방을 하고 있다고 부모님께도 알리지 않았습니다. '회사만 다녔는데 갑자기 웬 공방이냐.' '사업은 위험하다.' '예술가는 배고픈 직업이다.' 솔직히 이렇게 부정적인 얘기만 많이 듣게 될까 걱정되었어요. 저 자신도 공방에 대해 아무것도 몰랐기 때문에 오래 운영할 수 있을 거란 확신이 없었기도 했고요. 한편으로는 30대 초반, 직장생활 과도기를 겪고 있는 여성에게 잠시 강하게 바람이 불어온 게 아닐까 하고 스스로 생각하기도 했습니다. 그러나 실패해도 괜찮다며 저 자신에게 3개월의 공백을 줘보기로 한 사실을 계속 되새겼어요.

공방 시작 후 첫 몇 주 동안은 시중의 드림캐처를 모조리 조사했어요. 시중에 없는 드림캐처를 만들어야 승산이 있다고 생각했기 때문이었어요. 그렇게 저만의 디자인으로 기존에 사용되지 않은 여러 재료를 사용해 작품을 계속 만들어봤어요. 그리고 그 디자인이 괜찮은지 제가 가진 모든 SNS 계정에 업로드해 대중의 반응을 지속적으로 살폈습니다.

그 뒤부터는 내리 두 달을 하루에 5시간도 못 자면서 연구와 개발에 몰두했습니다. 하지만 아무리 열심히 해도 블로그 방문자 수는 50명도 채 되지 않았어요. 그만해야 할까 하는 생각이 하루하루 저를 덮쳤죠. 이를 악물면서 긴장 속에서도 정신을 곧게 세우고 다시 새로운 디자인을 치열하게 파고들었습니다. 공예라는 것이 기술적인 요소가 그렇게 많이 필요한 줄 처음에는 알지 못했어요. 그래서 눈만 뜨면 기술 연습과 재료 탐구에 몰두했어요.

나중에 알게 된 사실인데 기술만큼이나 중요한 것이 재료를 보는 안목이었습니다. 처음에는 어떤 재료가 저의 디자인과 어울릴지, 어떤 재료가 실제로 사용이 가능한 것인지 판단할 수 없어서 정말 많은 재료로 다양한 디자인을 시도하면서 작품을 만들고 버렸습니다.

그렇게 3개월이 다 되어가던 때, 기적처럼 전화 한 통이 걸려 왔어요.

"드림캐처 공방이죠?"

"네 맞습니다. 안녕하세요!"

처음 저는 일반적인 개인 수강생이라고 생각하고 전화를 받았어요. 그런데 전혀 예상치 못한 이야기가 핸드폰 너머로 들려왔습니다.

"저는 안나수이 브랜드 홍보 담당자인데요. 이번에 안나수이에서 새로 화장품 파우더를 출시했는데, VIP 고객을 위한 문화 클래스 기획 회의에서 이 파우더를 본뜬 드림캐처 만들기 클래스를 진행하면 좋겠다는 의견이 나와 연락드렸어요."

제가 스스로에게 약속했던 시간, 즉 3개월이 지나자 기업에서 연락이 오기 시작한 것이었어요.

나중에야 알았지만 사실 제 디자인이 차별화될 수 있었던 결정적인 이유, 많은 브랜드가 저에게 협업 제안을 해온 이유가 있었습니다. 보통 공방은 협회에서 자격증을 취득해 운영합니다. 협회 소속의 공방에서는 협회에서 정해준 커리큘럼에 따라 제품을 제작하고 판매하며 클래스를 운영할 수 있게 되어 있어요. 그렇게 하면 많은 공방 창업자가 낮은 진입 문턱으로 보다 수월히 창업할 수 있다는 장점이 있지만 재료나 디자인에 변주를 주면서 좀 더 창의적이고 다양한 디자인을 시도해볼 일은 많지 않게 됩니다. 저는 협회에 소속된 상태로 공방을 시작한 것이 아니었기 때문에 창업 초창기에는 굉장히 어려웠지만 그만큼 짧은 시간 안에 노력의 성과를 볼 수 있었던 셈이었죠.

제 경우 제품을 디자인하고 다양한 재료를 시도해보는 과정에서 해양공학을 공부하며 바다와 관련된 많은 공산품과 공학적 기기를 다뤄보고 분석해본 경험이 크게 작용했던 것 같아요. 저는 공대를 나와 기계와 수치에 익숙해져 있었기 때문에 동대문에서 어떤 재료나 제품 디자인을 보더라도, 심지어 SNS에서 조회수나 시장 반응과 관련된 어떤 그래프를 보더라도 다른 공예 창업자들보다 처음에 쉽게 적응할 수 있었거든요.

여러분도 이전에 경험했던 모든 것이 공방 창업에 도움이 될 거예요. 전혀 쓸모없어 보이는 경험일지라도 생각지도 못했던 곳에서 그 경험이 도움이 될 때가 올 겁니다. 제가 자신 있게 말씀드릴 수 있는 이유는 저 자신이 그러했기 때문이에요. 회사를 다닌 경험도 그토록 고통스러울 정도로 힘든 경험이긴 했지만 이 역시 공방을 차린 후 다른 회사들과 협업할 때 큰 도움이 되었어요. 저는 1인 기업이지만 1인 기업이라 해도 직장생활 경험 덕분에 인사팀과 회계팀, 생산 부서, 디자인 개발 부서, 홍보 마케팅 부서, 대외 협력을 위한 총괄 부서 등 회사에서 돌아가는 업무들이 무엇인지 상세히 알고 있다 보니 덕분에 협업 시 기업이 무엇을 원하는지 빠르게 파악할 수 있었습니다. 고객의 니즈를 다른 창업자들보다 한발 빨리 파악할 수 있었다는 점이 시장에서 살아남는 데 필요한 큰 경쟁력이 되어준 것이죠.

그렇게 3개월 후, 드디어 주위 사람들에게 공방을 운영하겠다는 결심을 알렸습니다. 예상했지만 부모님과 직장 동료, 친구들이 크게 반대했어요. 그런데 반대가 너무 심하니 왠지 오기가 생기면서 좋아하는 일을 하면서도 먹고살 수 있다는 것을 꼭 보란 듯이 보여주고 싶더라고요. 그 오기로 더 악착같이 일했던 것 같습니다. 시간이 지나 다이어리를 보니 거의 1년 동안은 하루도 쉬지 않고 15시간씩 일했던 것을 확인할 수 있었어요.

저는 직장생활을 할 때도 정년퇴직 걱정이 있었어요. 당시 퇴직 이후에 할 수 있는 일이 무엇이 있을까 따져봤을 때는 과학기술 분야의 자문 위원이라는 하나의 옵션이 있었습니다. 그런데 자문 위원은 사실상 되는 것도 힘들뿐더러 2년 이하의 계약직인 데다, 그것도 매일 있는 일이 아니라 회의와 평가가 있을 때만 일이 있어서 사람다운 인생(애견카페 강아지들을 부러워하지 않을 만큼의!)을 살

수 있을 거라는 확신과는 거리가 멀었어요. 중요한 일이었던 만큼 위계적으로는 사실 그럴싸했지만 계약 기간은 짧아서 페이가 그 중요도를 따라오지 못하는 일이거든요.

지금 생각해보면 공방이 완전히 자리 잡기까지 2년 동안은 정말 치열한 싸움을 했다는 생각도 들어요. 그런데 100세 시대에 내가 좋아하는 일을 업으로 삼기 위해 이 정도의 시간과 노력은 투자할 만했다고도 생각합니다. 공공기관을 다녀도 60세면 정년퇴직을 하겠죠. 그 이후에 제2의 인생을 고민하는 것보다 조금이라도 더 어릴 때 나만의 재능을 발견해 풍부한 경험을 쌓아가는 것이 더 좋은 선택이라 생각합니다. 시간만큼 소중한 것은 또 없으니까요.

◆

행복한 공방을 열기 위한 첫 번째 단계

공방을 시작하려고 이 책을 읽고 있는 독자분들 중에도 분명 무력감을 느끼는 직장생활 대신 좋아하는 일을 업으로 삼고 싶어 하는 분들이 있을 거예요. 그러나 조직원이 함께 모여 목표를 달성해나가는 직장생활과 내가 주체가 되어 모든 일을 이끌어나가야 하는 공방은 생각한 것보다 많이 다르고 버거울 때도 많습니다.

목표와 목적이 없으면 어디로 나아가야 할지 정체성을 잃어버리기가 쉬워요. 그러니 이번 기회에 공방을 시작하고 싶은 정확한 이유를 곰곰이 생각해 적어보세요. 공방 운영 중 힘들고 지칠 때, 이렇게 적어뒀던 목표와 이유들이 때마다 내가 원하는 방향으로 잘 나아가고 있는지 점검하게 해주는 나침판이 되기도 합니다.

현재 하고 있는 직장생활이 잘 맞지 않는 것 같다고 가만히 앉아 속상해하고만 있지 마세요. 다른 일을 하고 싶은데 어디서 무엇부터 시작해야 할지 모르겠어서 막막할 때, 새로운 도전을 시도해보세요. 재능이 없는 것 같다고 자신을 탓하지 마세요. 한 번뿐인 내 인생인데 남들이 다 따라가고 있는 방법보다는 나 스스로 행복하다고 생각하는 길을 만들어가는 것이 덜 억울하고, 더 행복할 거라고 생각해요.

×××××× **MISSION 1** ××××××

창업 목표 세우기

제가 즐겁게 공방을 운영하고 있는 것처럼 독자분들도 좋아하는 일을 하며 주체적으로 일을 꾸려가는 삶에 만족하셨으면 좋겠습니다. 그런 의미에서 여러분들이 스스로 원하는 방향의 공방을 이끌어나가는 데 도움이 되도록 제가 책 중간중간 미션을 드릴 거예요.

첫 번째 미션은 회사 또는 현재 하고 있는 일이 불만족스러운 이유 네 가지와 이를 해결할 수 있는 공방 창업 목표 네 가지를 적어보는 것입니다. 최소 네 가지를 적어보되 그 이상 적으셔도 좋아요. 왼쪽은 저의 경우를 예시로 든 것입니다. 목록을 만들어보는 동안 여러분이 자신의 성향과 업무 스타일에 대해 다시 한번 되돌아보고, 어떻게 공방을 운영하고 싶은지 스스로 미래를 그려보는 시간이 되기를 바랄게요.

현재 일이 불만족스러운 이유

1. 정년퇴직 이후의 확신 없는 비전
2. 반복되는 업무로 인한 피로도
3. 보수적인 회사 문화
4. 효율성이 떨어지는 업무 환경

현재 일이 불만족스러운 이유

1.

2.

3.

4.

공방 창업 목표

1. 정년퇴직 이후에도 꾸준히 할 수 있는 분야의 직장 갖기
2. 창의성과 감수성을 충분히 발휘할 수 있는 업무 기획하기
3. 젊고 자유로운 공방 분위기 만들기
4. 일하는 시간, 공간, 업무를 최적으로 분배하기
5. 내가 좋아하는 일로 월 300만 원 벌기

공방 창업 목표

1.

2.

3.

4.

공방, 진짜 괜찮은 사업 아이템일까?

넓어지고 있는 공방의 의미와 비전

독자분들은 '공방' 하면 어떤 것이 떠오르시나요? 손기술, 섬세함, 오랜 시간, 수많은 재료, 자투리 실, 작업실, 아늑함 등. 연상되는 여러 이미지가 있을 텐데요. 저는 공방이라는 단어를 처음 접했을 때 흰머리가 많은 안경 쓴 할아버지를 떠올렸답니다. 어떤 한 분야를 누구보다 깊이 있게 알고, 섬세하게 잘 만드는 사람을 생각한 거죠.

◆
확장되고 있는 공방의 정의

3년 반째 드림캐처 공방을 운영하고 있으면서도 따스하고 아늑한 느낌을 내는 공방을 체감적으로만 알 뿐, 저 역시 공방을 사전에 검색해본 적은 없다는 사실을 이 책을 쓰며 문득 깨달았습니다. 검색해보니 아래와 같이 정의되어 있더군요. '==예술가, 직인 등이 제작하기 위한 방 혹은 작업장.==' 과거에는 공방이 미적인 작품을 창조하는 예술가나 어떤 기술에 숙련된 사람들이 핸드메이드로 물건을 만드는 오프라인 공간만을 의미했던 것 같습니다. 사전적인 의미만 믿고 공방을 시작했더라면 저도 오프라인으로 드림캐처를 만들어 판매하는 보통의 공방에 그치게 되었을까요?

저의 4년간의 경험과 다른 공방의 사례를 토대로 이해했을 때, 위와 같은 공방의 사전적인 정의는 지금의 공방보다 매우 협소한 의미라는 것을 알 수 있었습니다. 이제는 공방을 '==핸드메이드로 제품을 만들어 판매하거나, 고객이 직접 제품을 만드는 경험을 제공하는 온·오프라인 공간=='으로 새롭게 정의할 수 있을 것 같아요.

◆

점점 다양해지는 공방의 비전

공방의 정의가 확장되고 있는 것처럼 공방의 비전도 점차 다양해지고 있습니다. 실제로 직접 공방을 운영하고 여러 기업 행사를 다니면서 처음에는 몰랐던 다양한 갈래의 사업 비전을 찾을 수 있었는데요. 이는 제가 계속해서 이 사업을 운영해도 되겠다는 생각이 들도록 만들었습니다. 많은 비전이 있을 테지만 저는 독자분들께 대표적으로 네 가지만 소개해드리고자 합니다.

확산되는 워라밸 기업 문화

이미 많은 기업에서는 주 52시간 근무제를 도입해 실행하고 있고, 사내 문화와 복지 증진을 위해 한 달에 한 번씩 사원들을 위한 다양한 원데이클래스를 돌아가며 진행하고 있어요. 또 이런 사내 복지 프로그램 이외에도 근로자지원프로그램(EAP)과 감정노동자를 위한 힐링 프로그램으로도 클래스 문의가 많이 옵니다.

기업에서 진행하는 단체 클래스는 보통 금요일 오후 시간대가 가장 많은 편인데요. 더불어 이번 달에 드림캐처 클래스가 진행되었다면 다음 달에는 가죽 카드 지갑 만들기, 그다음 달에는 나만의 향수 만들기 등으로 계속해서 새로운 수업이 계획되는 편이에요.

저의 경우 사업 초창기에 안나수이 VIP 문화 클래스를 시작으로 기업 출강 제안이 들어오기 시작했고, 현재도 꾸준히 온·오프라인 단체 원데이클래스 문의를 받고 있어요. 지금까지 삼성전자, 아주그룹, 롯데홈쇼핑, 신한카드, 한국외대, 강남구청 등 4년 만에 100회 이상의 기업 출강 및 단체 원데이클래스를 진행했습니다. 이렇게 다양한 기업에서 강의 제안이 새로 들어올 때마다 '이번에는 어떤 곳에서 어떤 사람들을 만나게 될까?' 하고 마치 여행을 떠나는 것 같은 기분이 들기도 해요. 무엇보다 제가 기업에서 일하는 분들의 워라밸과 기업 문화에 기여하는 일을 하고 있다는 것이 매번 새로운 자부심과 만족감으로 뿌듯하게 다가옵니다.

맞벌이 가정을 위한 부모·자녀 프로그램의 확대

독자분들도 '원데이클래스'라고 하면 성인 클래스가 가장 먼저 생각나시나요? 물론 손으로 무언가를 만드는 게 아무래도 난도가 조금 있는 편이기 때문에 성인 클래스가 많은 것이 사실입니다. 제가 2018년부터 이어온 기업 행사, 학교와 도서관 프로그램 출강을 모두 정리해보니 그중 약 70%는 성인 프로그램이고 나머지 30%는 부모·자녀 프로그램이나 키즈 클래스였어요. 중요한 것은 성인 클래스가 주류긴 해도 부모·자녀 프로그램이 늘고 있다는 점이었습니다. 왜일까요?

2020년 서초동에서 진행했던 부모·자녀 프로그램에 출강했을 때였어요. 처음 이 프로그램 출강 제안을 받았을 때는 '집에서 부모님과 함께하는 시간도 많을 텐데, 아이들이 무언가를 창의적으로 만들 때는 부모가 개입 않고 아이 스스로 만들게 하는 게 좀 더 좋지 않을까? 하고 생각하기도 했습니다. 그런데 수업을 마친 후 담당 선생님께서 학생들과 부모님들에게 프로그램 만족도 설문지를 나눠주시더라고요. 자세히 들여다보지는 못했지만 한 학생이 쓴 글 중 가장 기억에 남는 문장이 있었어요. 설문지에다 "모르는 부분이 생겼을 때, 부모님께서 친절한 말투로 알려주었다."라고 썼더라고요.

이 프로그램은 건강가족지원센터에서 주최했던 행사였는데요, 행사를 마치고 돌아오는 길에 프로그램 취지에 관해 다시 생각해봤어요. 요즘은 맞벌이 부부 증가로 부모와 자녀가 교감하는 시간이 많이 부족하겠구나 싶더라고요. 함께 손으로 무언가를 만드는 과정에서 모르는 부분을 질문하고, 알려주고, 옆에서 도와주면서 부모와 아이들 사이에 자연스러운 대화와 스킨십이 이루어졌다는 사실을 깨달을 수 있었죠.

코로나19 이후로는 가족들이 집에 머무르는 시간이 많아지면서 부모님으로부터 아이들이 집에서 즐길 수 있는 프로그램이 있는지에 대한 문의도 많아지고 있어요. 덩달아 공예 DIY 키트 시장도 커지고 있답니다.

성장하고 있는 키즈 클래스 시장

제가 어릴 때는 대부분 동네 친구들과 놀이터에서 시간을 보냈었는데요. 요즘 어린아이들은 놀이터도 많이 가지만 그보다 다양한 테마로 꾸며진 키즈 카페에 자주 가곤 합니다. 실내에서도 아이들이 마음껏 즐길 수 있는 다양한 놀이시설들이 준비되어 있고, 아이들이 노는 동안 부모님들도 편안하게 카페에서 여가 시간을 보낼 수 있기 때문이죠.

공방에 오신 부모님들께 들은 이야기로는 보통 7세 이하의 아이들이 키즈카페를 많이 찾고 8세 이상이 되면 자연스레 키즈카페를 졸업하게 되는데, 이때 새로운 놀거리를 찾아 공방에 방문한다고 해요. 더불어 요즘에는 아이들의 이색 체험 활동을 추천해주는 유튜브 채널이나 아동 전용 클래스 예약이 가능한 애플리케이션도 별도로 있어 공방 클래스를 예약하기가 훨씬 수월하다고요. 한참 저의 공방에도 초등학교 저학년 아이들이 많이 찾아온 적이 있었어요. 2019년 8월, 어린이를 위한 신기한 장소와 체험 활동 장소들을 소개해주는 유튜브 채널 '캐리TV 어드벤처'에 제가 운영하는 〈조슬린의 우아한 공방〉이 소개되고 나서부터였어요.

드림캐처는 사실 이벤트성 아이템인데도 불구하고 키즈 클래스의 경우 재방문률이 가장 높아요. 할머니 생신, 친구 생일, 내 생일 등 특별한 날 자신이 만든 좋은 의미의 드림캐처를 선물하는 것을 아이들이 굉장히 좋아하더라고요. 클래스가 끝나면 엄청 어려워 보이는 거미줄 모양을 직접 만들어냈다며 부모님께 자랑하는 아이들과, 수업에서 돌아간 뒤 자신감과 성취감이 높아져 학업 성취도 올랐다는 부모님들의 감사 문자까지. 작은 예술 체험이지만 공방에서의 모든 경험을 순수하고 예쁘게 받아들이는 아이들을 보면 제가 꾸리고 있는 이 작은 공방이 자라나는 새싹들에게 재밌고 특별한 경험을 쌓아주고 있구나 하는 생각이 들면서 스스로 굉장히 뿌듯해지더라고요.

이색 경험을 찾는 커플과 프로 취미러들의 증가

커플들 사이에서 공방 데이트의 열풍이 분 것은 인기리에 방영되었던 관찰연애 TV 프로그램 '하트시그널2'에서 한 커플이 비누 공방을 방문해 서로에게 선물할 핸드크림을 만들고 나서부터였어요. 제 공방은 특히 오래된 연인이 많이 찾아오시는데요. 밥 먹고 영화 보는 뻔한 데이트가 아닌, 늘 새로운 것을 함께 경험하며 특별한 추억을 쌓아가려는 노력들이 저렇게 오래도록 사랑을 키운 게 아닐까? 하는 생각이 들더라고요. "혹시 다음 주에는 어떤 데이트 하실 거예요? 저도 좀 알려주세요." 제가 장난을 담아 여쭤보면 대부분 "쌤, 저희 요즘 공방 데이트에 푹 빠져 있어요. 다음 주에는 아마 다른 걸 만들러 갈 것 같아요."라는 답변을 심심치 않게 들을 수 있었습니다.

인스타그램에서도 이제 공방 데이트는 커플들에게 로망이 되었어요. 색다른 곳에 방문해 무언가를 함께 만들고, 서로에게 선물하고, 사진도 남길 수 있기 때문이죠. 제 공방도 홍대 맛집 및 카페, 데이트 코스를 소개하는 SNS 계정에 소개되어 공방 데이트로 참 많은 수강생이 와주시고 있답니다.

커플들 외에도 이색 경험을 찾는 '프로 취미러'분들의 방문도 많아요. 저처럼 호기심이 많아 이것저것 경험해보는 것을 좋아하는 분, 내가 좋아하는 것을 체험하면서 좀 더 깊은 나의 내면을 알아가고 싶은 분, 힘든 일이 있어 예쁜 소품을 만들며 다른 것에 집중해서 몰입하고 싶은 분 등 참 다양한 분들이 있습니다. 수강생들을 보다 보면 대개 심리 상태가 드림캐처 컬러 선택과 구슬 배치에 그대로 드러나기도 하는데요. 웃고 있지만 마음이 힘들어 보이는 수강생에게는 좀 더 다가가 따스한 위로를 건네기도 해요.

◆

어떤 아이템이 인기 있나요?

인터넷에 '공방'이라고 검색하면 정말 다양한 분야의 핸드메이드 아이템이 나옵니다. 그중 대표적인 몇 가지를 소개해드리자면 레진, 비누, 자개모빌, 액세서리, 스테인드글라스 정도가 될 것 같네요.

그중에서도 많은 분들이 요즘 떠오르는 아이템을 물어보시는데요. 요즘에는 작고 반짝이는 것을 좋아하는 사람이 많아서 레진 아트, 썬캐처, 스테인드글라스가 유행하고 있어요. 피크닉 문화가 유행하게 되면서 라탄 소품 만들기도 큰 인기를 끌고 있고요. 귀걸이나 팔찌 등의 액세서리, 커스텀풍선, 레터링케이크 등도 떠오르고 있는 아이템 중 하나입니다.

요즘 뜨고 있는 아이템 - 레진 헤어핀
자료: 〈뚜비즈〉 인스타그램

◆
회사보다 공방이 더 좋은 이유

생각과 걱정거리가 많은 날, 저는 조용히 의자에 앉아 사부작사부작 무언가를 만들기 시작합니다. 내가 좋아하는 색감의 구슬을 고르고 부드러운 천연 깃털을 만지며 한 땀 한 땀 드림캐처를 만들어요. 구슬이 굴러가는 소리에 귀를 기울여 집중도 해보고요. 무언가 하나를 내가 좋아하는 것들로만 가득 채웠다는 만족감, 내 손으로 무언가를 만들었다는 성취감이 순간의 불안감을 이겨내게 해줍니다. 그리고 곧 안정감을 되찾아요. 공방을 찾아오시는 수강생분들도 같은 기분을 느끼실까요? 수공예, 핸드메이드라는 업 자체가 일하면서 꾸준히 성취감을 느끼도록 해주는 업이라고 생각해요.

또한 공방 일은 내가 원하는 일을 하며 그 과정을 꾸준히 SNS에 올릴 뿐인데 많은 사람에게 관심과 인정을 받아 좋기도 합니다. 자리만 잘 잡으면 안정적인 수요도 생기죠. 매달 차이는 있지만 저는 한 달 만에 회사 월급의 6배를 번 적도 있어요. 핸드메이드는 매출에서 재료비를 제외하고 모두 마진으로 가져가기 때문에 마진율이 70~80% 정도로 좋은 편이에요.

공방을 시작하며 제가 다른 사람들에 비해 감수성과 상상력이 풍부하다는 사실을 알게 되었어요. 특히 폭스바겐, 안나수이, 구찌 등 여러 브랜드와 콜라보 작업을 할 때 그 창의성이 빛을 발했죠. 회사에서는 주어진 일을 묵묵히 하며 틀에 갇혀 일을 했다면, 지금은 얼마든지 내가 원하는 시간과 장소에서 스스로 업무를 계획하고 컨디션에 따라 효율적으로 일할 수 있어 좋습니다.

공방을 잘 몰랐을 때도 그러했지만, 공방에 대해 어느 정도 알아버린 지금도 저는 공방이라는 틀 안에 저를 가두고 해야만 하는 업무만 하며 살고 싶지는 않아요. 내가 좋아하는 드림캐처를 대중들도 더 좋아하도록 다양한 테마로 매력 있게 표현하고 알리고 싶기 때문이에요. 직장인일 때는 푸념도 해가며 회사를 다녔지만, 직장생활만 했다면 인생이 조금은 아쉬웠을 것 같아요. 일은 즐거운 것이 아니라 해야만 하는 것이라고 생각했거든요. 지금은 공허했던 마음이 즐거움으로 채워진 기분입니다. 호기심이 많은 저에게 늘 새롭고 재밌고 즐거움을 가져다주는 공방이 저는 정말 좋아요.

공방을 시작하며 어려운 점

때때로 아르바이트생이나 보조 강사님과 함께 일하기도 하지만, 대부분의 공방은 혼자 일하는 1인 기업 시스템이기 때문에 벅찰 때가 많습니다. 기획과 클래스 운영, 제품 제작, 홈페이지 관리, 홍보와 마케팅, 재고 관리, 사진 촬영과 브랜딩. 그 외에도 많은 업무를 혼자 해야 한다는 부담감과 일이 몰려 정신없을 때의 긴장감, 나를 대신하는 사람이 없으니 실수하지 않아야겠다는 책임감까지. 이 모든 것이 어깨 위에 올라 있죠.

제가 처음 공방을 시작했을 때는 공방 창업이나 운영 노하우를 알려주는 강의가 거의 전무했어요. 따라서 저는 잘나가는 공방을 찾아보며 잘되는 이유는 무엇인지, 인기가 없는 공방은 왜 잘 안되는지를 제 나름대로 분석했어요. 여러 공방에서 찾은 해결책이 있다면 제 공방으로 가져와 적용해보고 방향성을 조금씩 바꾸어보는 등, 다양한 시도를 했고 이는 지금도 현재 진행형이에요.

그중 가장 어려웠던 점은 방향성을 제시해주는 멘토가 없다는 점이었어요. 향수나 캔들처럼 시장에서 이미 인기 있는 레드오션 아이템이라면 잘나가는 공방을 벤치마킹해 빠르게 성장할 수도 있을 텐데 드림캐처 공방의 경우 국내에 거의 전무하니 벤치마킹할 공방이나 멘토가 없어 혼자 고민하며 여러 시도를 해야 했거든요. 물론 그 덕에 클래스 운영과 판매 외에도 기업·브랜드 행사, 백화점 입점 등 다양한 분야에 도전해볼 수 있었지만요.

사실 이 책을 쓰게 된 이유가 바로 여기에 있습니다. 4년 동안 치열하게 쌓아온 저의 경험과 지식, 노하우를 담은 이 책이 다른 누군가에게는 믿고 의지할 수 있는 든든한 멘토가 되었으면 좋겠습니다. 독자 여러분이 제가 경험했던 길보다는 좀 더 빠른 길로 가실 수 있도록요. 부디 이 책으로 저의 노하우를 쏙쏙 뽑아가셔서 나만의 멋진 공방을 꾸려가시길 바라봅니다.

×××××× MISSION 2 ××××××

밴다이어그램으로 나에게 맞는 아이템 찾기

좋아하는 취미가 직업이 되어 먹고살 수 있게 된 사람들은 행복합니다. 그렇지만 좋아한다는 이유 하나만으로 공방을 시작해서는 안 됩니다. 공방은 예술성과 창조성이 요구되는 분야인 만큼 끈기 하나만으로 성공할 수 없어요. 좋아하는 것과 잘하는 것의 공통점을 찾되, 그중에서도 돈이 되는 아이템을 선택해야 합니다.

그렇지만 일단은 내 마음이 움직이는 아이템을 먼저 선택해보세요. 잘나가는 아이템, 유행하는 아이템을 선택하는 것도 좋지만, 이왕 자신이 좋아하는 일을 하기로 시작했다면 충분히 흥분되고 마음이 흔들리면서 잘할 수 있을 것 같은 아이템을 찾아보세요. 그 아이템이 돈이 되도록 하는 방법은 그다음에 생각해봅시다.

제가 준비한 두 번째 미션은 나를 좀 더 알아보기 위한 '밴다이어그램 그리기'입니다. 아래의 내용에 따라서 다음 장에 직접 밴다이어그램을 그리며 나만의 아이템을 찾아보세요.

1. 나는 무엇에 시간과 돈, 에너지를 사용하고 있을까?

여러분이 좋아하는 것은 무엇인가요? 영화, 여행, 만화, 노래, 필라테스 등. 자신의 취향이 담긴 것이라면 구체적으로 모조리 적어보세요. 뜬구름처럼 머릿속을 부유하고 있던 고민들이 자리 잡히는 것을 느끼게 될 거예요. '돈이 가는 곳에 마음도 간다'는 말도 있잖아요. 최근 2~3개월간 카드 내역서를 살펴봐도 좋아요. 내가 어디에 소비를 많이 하는지, 퇴근 후 또는 주말 등 여가 시간에는 어디에서 무엇을 하며 시간을 쓰는지, 어느 곳에 에너지를 쏟고 있는지를 되짚어보는 거죠. 일상 사진이 담겨 있는 SNS를 찾아보는 것도 좋습니다. 그다음에는 더 자세히 내가 좋아하는 것들이 어떤 느낌과 콘셉트를 나타내는지를 형용사로 적어보세요.

2. 나의 강점과 재능은 무엇일까?

한국에서는 보통 겸손이 미덕처럼 여겨지죠. 그만큼 우리나라 사람들은 재능이 있어도 뽐내기를 멋쩍어하곤 합니다. 더불어 나이에 따라 대학 입학, 취업, 결혼 등 사회적으로 공유되는 일반적인 길이 어느 정도 정해져 있기 때문에 내가 진짜 재능 있는 분야를 제때 발견하기가 더욱 어렵기도 해요. 스스로와 친해서 자신이 내세울 수 있는 강점을 잘 아는 분들도 계시겠지만, 그렇지 못하다면 직장 동료들이나 친구들에게 들었던 칭찬과 이야기를 곰곰이 곱씹어 적어보세요. 타인의 시선으로 바라봤을 때 나도 몰랐던 나의 장점이 발견될 수도 있으니까요.

3. 1번(시간, 돈, 에너지 소비처)과 2번(강점, 재능)의 공통점 찾기

밴다이어그램을 그리며 내가 좋아하는 아이템을 운 좋게 발견할 수도 있지만 그렇지 못할 수도 있어요. 아이템을 발견하지 못했다고 해도 괜찮아요. 나라는 사람을 깊숙이 살펴보는 과정을 통해 나의 취향을 발견하고 이를 공방의 콘셉트와 브랜딩으로 이어나가게 할 수 있으니까요.

밴다이어그램을 그렸는데 나만의 아이템을 찾지 못했다면 다양한 원데이클래스를 들어보는 것을 적극 추천드려요! 클래스에서 느끼는 직관이야말로 더욱 강력하고 정확한 피드백이라고 생각해요.

× 나만의 아이템 찾기 밴다이어그램

빈 공간을 채워보세요!

내가 아닌 것
무관심하거나
경험해보지 못한 것

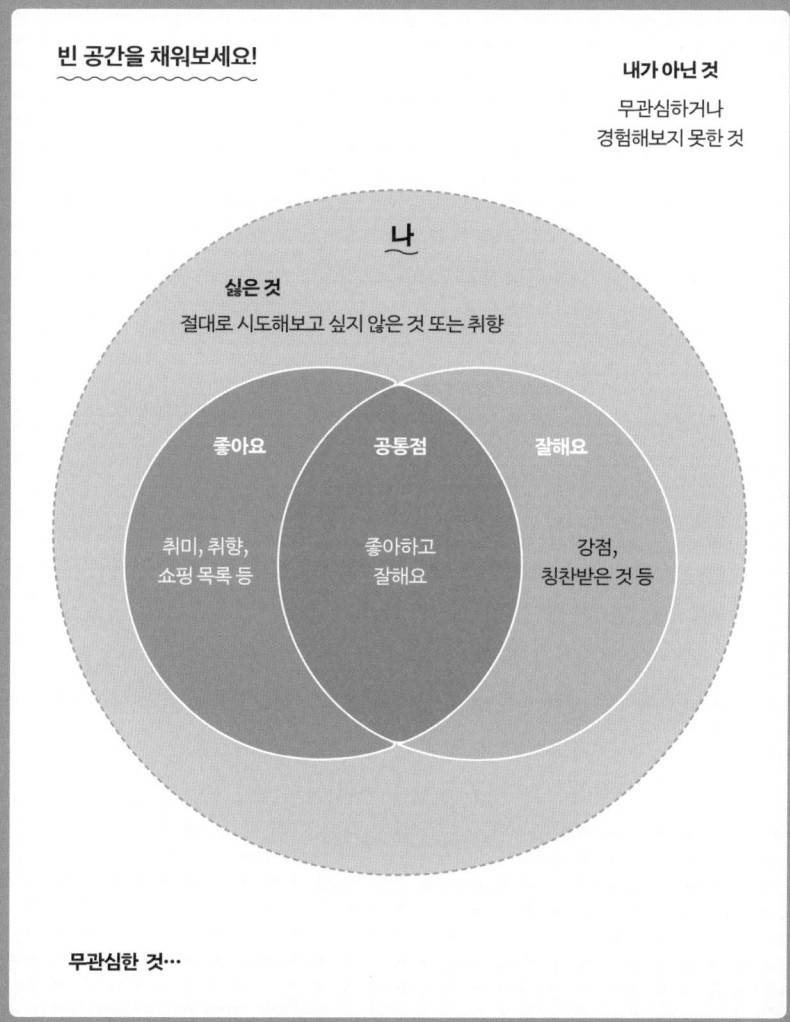

나

싫은 것
절대로 시도해보고 싶지 않은 것 또는 취향

좋아요
취미, 취향,
쇼핑 목록 등

공통점
좋아하고
잘해요

잘해요
강점,
칭찬받은 것 등

무관심한 것⋯

공방 아이템 선택 시 무엇을 고려해야 할까?

시간과 공간, 비용이라는 삼요소

"도전해보고 싶은 아이템을 찾았는데, 과연 제가 잘 해낼 수 있을까요?"

많은 수강생이 하는 질문입니다. 여기서 중요한 점은 내가 어떤 상황인가를 객관적으로 판단하는 것입니다. 학생이나 직장인이라 공방을 투잡으로 생각하고 있는 분도 있을 테고, 퇴사 후 전업으로 시작해보고 싶은 분도 있을 거예요. 이왕 하는 거 크게 투자해보자 생각할 수도 있고, 간단히 경험만 해보고 싶어 투자금 리스크가 적었으면 좋겠다 생각하는 분들도 있겠죠. 창업자 유형이 그만큼 다양합니다. 그러니 아이템을 찾아 본격적인 사업을 해봐야겠다 확정하기 전, 아이템마다 다르게 소요되는 시간과 공간, 그리고 비용에 대해 반드시 생각해봐야 합니다.

시간, 공간, 비용

예술 작품은 그 자체로 보는 사람의 마음을 편안하게 해주기도 하지만 작가의 마음을 대중에게 전달하는 창구가 되기도 합니다. 작품을 만드는 작가의 마음이 작품에 그대로 비치곤 하니까요. 핸드메이드도 그러한 예술 활동의 한 분야이기에 저는 작업을 시작하기 전에 마음이 복잡할 때는 차분한 음악을 들으며 스스로에게 작품 활동의 시작을 알리기도 해요. 핸드메이드 공방을 오랫동안 운영하고 싶다면 체력 관리와 마인드 컨트롤은 필수적입니다. 작품을 만드는 동안 시간과 체력이 많이 소모되고, 세밀한 작업 이후에는 정서적인 피로도도 높은 편이기 때문이죠.

전업으로 공방을 시작하려는 분들이라면 '투자금'과 '아이템에 대한 나의 흥미'가 우선시되겠지만, 투잡으로 공방을 창업할 분들이라면 추가로 '아이템 제작 시간'까지 고려할 필요가 있어요. 시간과 공간, 비용을 두루 살펴보며 내가 투자할 수 있는 상황과 아이템 제작에 필요한 환경의 균형을 맞춰보는 거죠. 아이템의 특징이나 크기에 따라 필요한 공간의 크기가 달라지기도 하고, 작업 공간의 크기에 비례해 매달 지불해야 하는 임대료도 높아지니까요.

공방 초창기는 수입의 격차가 매우 심해요. 아직 인지도가 많이 쌓이지 않은 때이기도 하고, 공방이란 게 계절의 영향을 타서 때마다 야외 데이트나 선물을 즐기는 사람들의 마음가짐도 달라지죠. 부담 없이 안정적으로 공방을 시작하기 위해서는 예상되는 월 수익을 최대한 보수적으로 잡은 후 최소한의 공간과 비용을 들여 시작하는 것이 좋습니다.

시간과 공간의 4분표

아래는 아이템에 따른 시간과 공간의 4분표입니다. 작품 제작을 위해 필요한 시간은 1시간, 필요한 공간은 6평을 기준으로 했습니다. 6평이라 하면 감이 잘 안 오는 분들도 있을 텐데요. 6평은 보통 오피스텔 정도의 아담한 크기로 많은 공방에서 운영하고 있는 규모입니다.

시간이 적게 들고(1시간 이내) 작은 공간(6평 이내)에서도 제작할 수 있는 아이템은 향수와 캔들, 디퓨저, 액세서리(조립형), 키링, 자개모빌, 썬캐처, 레진 아트 등이 있습니다. 향수와 디퓨저의 경우 오일을 비율대로 넣고 간단히 조향하는 작업이고, 액세서리와 키링, 썬캐처 등은 간단한 공구를 이용해 조립해서 만듭니다. 전부 아이템의 크기도 작아 비교적 쉽고 간단히 만들 수 있어서 제작 과정이 수월한 편에 속합니다.

시간은 많이 들지만(1시간 이상) 작은 공간(6평 이내)에서도 가능한 아이템을

× 시간과 공간의 4분표

시간↓ 공간↓	시간↑ 공간↓
향수, 디퓨저, 캔들, 액세서리(조립형), 키링, 모빌, 썬캐처, 캐리커처, 레진, 미러 아트, 캘리그라피 등	비누, 드림캐처, 그림, 자수, 라탄, 마크라메, 위빙, 액세서리(세공형), 네일 아트, 페이퍼플라워, 가죽 등
시간↓ 공간↑	**시간↑ 공간↑**
플라워 공예, 전사지 아트, 서예 등	자이언트플라워, 주방용품, 가구, 유리, 스테인드글라스, 도자기 등 대형 장식품

(기준) 시간: 1시간, 공간: 6평

살펴볼게요. 대부분의 핸드메이드 아이템이 이에 속하는데요. 제가 만들고 있는 드림캐처를 포함해 비누, 라탄, 그림, 프랑스자수, 마크라메, 위빙, 페이퍼플라워, 액세서리(세공형) 등이 이에 속합니다. 필요한 재료가 비교적 간단하고 완성품의 크기도 작은 편에 속하지만 정밀한 작업이 필요하기 때문이에요.

시간이 적게 걸리고(1시간 이내), 충분한 공간(6평 이상)이 필요한 아이템은 플라워 공예, 전사지 아트, 서예 등이 있습니다. 플라워는 재료 자체의 부피가 크고, 꽃 냉장고 등 재료 보관 시설이 필요하기 때문에 공간을 많이 차지합니다. 전사지는 재료의 부피가 크거나 수업을 할 수 있는 공간이 많이 필요한 것은 아니지만 제품을 구워야 하는 가마 시설이 필요합니다. 서예는 재료의 크기도 의외로 크고, 또 시연자의 실력이나 콘셉트에 따라 시간이 적게 또는 매우 많이 걸리기도 합니다만 일반적으로는 다른 공예보다 시간을 적게 사용할 수 있어 여기에 배치했습니다.

시간이 많이 들고(1시간 이상), 충분한 공간(6평 이상)이 필요한 아이템은 완성품이 크거나 아이템 제작을 위해 별도의 설비가 필요한 아이템들입니다. 완성품의 크기가 큰 아이템으로는 페이퍼플라워를 대형 사이즈로 만든 자이언트 플라워와 특별한 날에 문구를 넣어 선물하는 커스텀풍선, 가구 등이 이에 속합니다. 유리 공방의 경우 납땜 작업을 위한 용접 시설과 충분한 환기 시설 설치가 필요하고, 도자기 공방은 형태를 빚을 때 사용되는 물레와 도자기를 굽는 대형 가마가 필요하기에 반드시 충분한 공간이 필요하죠. 혹시 또 다른 아이템이 있다면 여러분들도 이 시간과 공간의 4분표를 이용해 나름대로 배치해보세요. 아이템과 업무의 특성을 파악하고 분석하는 데 도움이 될 거예요.

꼭 알아야 하는 아이템별 특징!

사업 초창기 쉐어공방에서 생활할 때 핸드메이드 아이템별로도 각 특징이 있다는 사실을 알게 되었어요. 함께 일하는 작가님들이 대여섯 분 정도 있었는데 모두 다른 아이템을 다루셔서 자연스럽게 그 특성에 대해 배우게 된 것이죠. 이제 막 아이템을 찾은 분들이나 여러 아이템 중 어떤 것으로 정할지 고민하고 계신 분들이 있다면 아래의 특징들을 잘 고려해봐주세요.

- **향수, 비누:** 몸에 직접 닿는 아이템을 판매하기 위해서는 식약처 인증이 필요합니다. 「화장품법」의 적용을 받고 있어서 판매를 위해서는 까다로운 인증 절차를 받아야 해요. 클래스의 경우 별도의 인증 절차가 필요하지는 않습니다. 식약처 인증은 시간과 비용이 투자되기 때문에 클래스로 시작해서 제품 인증을 받아 판매로 천천히 키워나가는 사례가 많습니다.

- **향수, 비누, 디퓨저, 캔들:** 향기가 나는 제품을 판매하기 위해서는 산업통상자원부의 KC인증이 필요합니다. 이 아이템들도 클래스로만 진행한다면 별도 인증을 받지 않아도 되고, 제품을 판매하려 하는 경우에는 꼭 인증을 받아야 판매가 가능합니다.

- **액세서리, 키링:** 간단한 용돈을 벌고 싶은 대학생들, 투잡으로 공방을 운영하고 싶은 분들이 집에서 간단히 만들 수 있는 아이템입니다. 크기가 작아 집에서 만들기에도 부담이 없고 간단한 공구만 있다면 쉽게 제작할 수 있기 때문에 누구나 쉽게 시작할 수 있어요. 하지만 제품 판매 단가가 워낙 낮은 편에 속하기에 용돈 이상의 수익을 얻기 위해서는 그만큼 많은 수량의 제품을 판매해야 하므로, 판매 수량에 대한 부담감은 생길 수 있습니다.

- **레진 아트, 자개모빌, 라탄:** 몇 년 전부터 굉장히 유행하는 아이템입니다. 지금 시작한다면 서브 아이템으로는 추천하되, 메인 아이템으로는 추천하지 않아요. 핸드메이드 아이템들은 유행을 잘 타는 편이라 현재는 이미 많은 공방이 생겨났기 때문입니다. 안정적인 공방 운영을 추구하는 저로서는 유행의 지속 기간이 불확실한 아이템은 비추천입니다. 개인적으로 유행하는 아이템보다는 보편화된 아이템이라 할지라도 확실한 콘셉트와 브랜딩이 더욱 중요하다고 생각합니다.

어느 아이템이 뜨는 아이템일까?

블루오션 & 레드오션 아이템과 그 특징

"튜터님, 혹시 요즘 유행하고 있는 아이템 말고 추천해주실 만한 아이템이 있나요? 사람들이 잘 모르는 분야로요."

  블루오션에서 안전하게 살아남을 수 있는 아이템을 선택하고 싶은 마음은 창업을 하는 사람이라면 누구나 가진 마음일 것입니다. 제가 선택한 드림캐처는 국내 핸드메이드 시장에 많이 없었죠. 제가 블루오션이었던 드림캐처라는 아이템으로 다수의 브랜드 및 기업과 협업할 수 있었던 것은 실은 드림캐처가 블루오션 아이템이었을 뿐만 아니라 디자인의 커스터마이징이 자유롭다는 특징과 그에 맞는 마케팅 전략이 알맞게 맞물렸기 때문이에요.

  이번 글에서는 블루오션 및 레드오션 마켓에 대한 저의 생각들과 더불어 여러분이 각자의 아이템을 효과적으로 시장에 선보일 수 있는 마케팅 포인트, 또 블루오션과 레드오션 각 마켓의 특징과 그에 맞는 아이템들을 소개드리겠습니다.

블루오션 & 레드오션에 대한 조슬린's 생각

제가 선택한 드림캐처는 블루오션 마켓이었습니다. 그리고 현재까지도 블루오션이라고 판단할 수 있어요. 주요 포털 사이트들에서의 드림캐처 관련 검색량이 적은 데다 공방의 물리적인 숫자 자체도 적기 때문입니다. 새로운 아이템으로서 개척의 여지가 남아 있다는 뜻이죠.

드림캐처는 다른 아이템들보다는 조금 생소하고 시장이 작다는 특성 때문에 사업 초기부터 색다른 콘셉트를 원하는 기업 행사와 브랜드 콜라보 제안이 다른 공방들보다는 더 쉽게 찾아올 수 있었어요. 그러나 처음에는 저도 드림캐처가 블루오션 아이템인지 모르고 시작했습니다. 단순히 예뻐서였어요. 아이템을 선정할 때 이성적이고 분석적인 접근도 가능할 수 있지만 저는 저처럼 공방의 주인인 '나'의 감성적인 접근을 우선시하는 것도 몹시 중요하다고 생각합니다. 자기가 좋아하는 감각, 자신에게 발달된 감각은 아이템 디자인 개발에 중요한 요소가 됩니다. 시장에서의 차별화를 위해 여러 시도를 했을 때 제품의 퀄리티가 높게 나오는 데 큰 영향을 주기 때문이죠.

저 역시 드림캐처를 가지고 여러 시도를 하며 저만의 취향과 콘셉트를 아이템에 반영해왔습니다. 그렇게 처음에는 레드오션, 블루오션에 대한 어떠한 판단도 없이 다양한 시도를 하던 중 서울에 드림캐처 공방이 많이 없다는 사실을 수강생들을 통해 듣게 되었죠. 그 후 이 부분을 마케팅 전략으로 잘 활용해야겠다는 생각이 들었습니다. 결국 온라인 오프라인을 가리지 않고 적극적으로 홍보에 노력을 기울인 끝에 제 공방은 이색 공방으로 자리 잡게 되었죠.

그러나 정체기도 많이 찾아왔습니다. '다른 공방들은 이렇게까지 노력하지 않아도 잘되는 것처럼 보이는데, 왜 난 이렇게까지 노력해도 멈춰 있는 걸까. 지금 내게 부족한 점은 뭘까? 방향성이 잘못된 걸까?' 하는 나의 공예 실력과 사업 감각에 대한 의구심이 끊임없이 스스로를 괴롭혔어요. 홀로 공방 안에서 마음속 깊이 많은 눈물을 쏟아냈고, 스스로에게 끊임없이 질문도 했습니다. 그러다 문득 이런 생각이 들었어요. '향수나 비누 같은 아이템을 선택했다면 어땠을까? 조금 더 실용적이기에 더 많은 수강생들이 찾아오진 않았을까? 기업 출강과 브랜드 콜라보 기회는 덜 찾아왔겠지만, 더 빠른 시간 내에 더 많은 수익을 창출할 수 있지 않았을까?'

만일 제가 레드오션 아이템을 선택했다면 수강생은 더 많았을지도 모릅니다. 제품도 더 잘 팔렸겠죠. 하지만 지금의 가보지 못한 길이 분명 부럽고 욕심났을 것입니다. 레드오션 아이템을 선택하면 새로운 시장을 창출해내기 위해 들이는 노력이 훨씬 적은 것은 사실이니까요. 포털 검색량 자체가 높고, 대중의 아이템에 대한 이해도도 높기 때문에 소비자가 '후기가 괜찮은' 근방의 공방을 선택해 방문할 때도 쉽게 눈에 띌 테니까요.

창업자에게 있어 레드오션 아이템을 선택하는 것과 블루오션 아이템을 선택하는 것은 언제나 갈등이 되는 부분이지만 '나만의 아이템'과 '팔리는 아이템' 사이의 고민이라면 저는 '나만의 아이템'을 선택하라고 말씀드리고 싶습니다. 팔리는 아이템들은 이미 시장점유율이 높기 때문에 경쟁에서 확실하게 우위를 점할 수 있는 차별화 아이디어가 필요합니다. 핸드메이드를 선택하는 소비자의 심리 자체가 '좀 더 특별한, 나만의 것'을 갖고 싶은 심리를 내포하고 있어요. 그래서 소비자들이 한 작가를 좋아하게 되면 팬덤이 생기게 되어 그것이 꾸준한 수익 창출로 이어지는 것입니다.

확실히 말씀드릴 수 있는 점은 여러분이 선택한 아이템이 스스로가 좋아하는 아이템이라면 블루오션이든 레드오션이든 상관없이 아이템을 차별화해나가고 공방을 성장시키기 위해 노력해야 한다는 점입니다. 그렇게 각자의 차별화된 아이템을 시장에 내놓는 것이 여러분을 사업적으로나 개인적으로나 성공에 이르게도 하지만, 공예 문화 자체의 성장을 통해 우리가 다 함께 이 시장의 파이 자체를 키우는 방법이기 때문이에요.

이제 마케팅에 대한 이야기를 좀 더 해볼게요. 공방을 운영하면서 드림캐처 마케팅에 대해 제가 느낀 점이라면 시작한 지 4년이 지난 지금도 드림캐처 시장이 작기 때문에 수요도 굉장히 적은 편이라는 점입니다. 찾는 사람이 적으니 홍보와 마케팅이 아직도 정말 중요합니다. 그래서 작품을 만들어 SNS에 꾸준히 업로드하고 모니터링하면서 피드백을 받아요.

드림캐처는 향수나 캔들 같은 아이템들보다 몇 배는 손이 많이 가고 섬세한 작업이에요. 쉐어공방에서 작업하면서 다른 사장님들이 레드오션 아이템을 작업할 때, 드림캐처라는 제 아이템이 얼마나 세세하게 품이 드는 작업인지 그 특징을 많이 체감할 수 있었습니다. 조향 작업 역시 쉽지는 않겠지만 나중에는 수월해지는 것을 보면서 '향수나 디퓨저는 일상에서 자주 사용하니 사람들의 수요와 인지도가 높구나, 제품 차별화에만 성공한다면 단기간에 판매 수익을 크게 늘릴 수 있겠다!'라는 생각도 많이 들었습니다.

◆

블루오션 마켓의 특징

사람들에게 생소한 블루오션 아이템을 선택한다면 SNS를 통한 아이템 홍보가 우선적으로 필요합니다. 소비자 입장에서 아이템 이해도와 제품의 필요성 자체가 낮기 때문이죠. 이 경우 일반적인 디자인으로 공방을 차근차근 키워나가는 것도 좋아요. 비슷한 유형의 공방이 많이 생기고 나면 그때부터 조금씩 디자인을 차별화하는 것이 효과적입니다. 비교할 수 있는 공방이 없기 때문에 초반에 자리를 잘 잡아둔다면 관련 아이템에 대한 경쟁력을 갖출 수 있습니다.

블루오션 아이템: 페이퍼플라워, 드림캐처, 썬캐처, 액세서리, 자개모빌, 프랑스자수, 마크라메, 레진, 네온싸인, 위빙, 뜨개질

◆
레드오션 마켓의 특징

이미 사람들에게 잘 알려져 있는 분야이기 때문에 아이템에 대한 홍보 자체는 크게 필요하지 않습니다. 같은 아이템을 만드는 공방이 많죠. 따라서 무엇보다도 디자인 차별화가 필요해요. 다른 공방과 크게 다르지 않은 디자인으로 클래스를 열거나 제품을 만들어 판매할 경우 결국 차별화 포인트는 가격이 됩니다. 그러나 핸드메이드는 손으로 정성스레 만드는 만큼 장인 정신도 필요합니다. 제품의 수준과 품질을 높여서 소비자를 설득하려는 제작자의 애정과 노력이 반드시 선행되어야 하는 것이죠. 무조건 시장 공략을 위해 가격을 떨어트리는 방법은 핸드메이드 시장의 가치 자체를 하락시키는 결과를 낳게 된다는 것을 주의해주세요.

레드오션 아이템: 라탄, 가죽, 향수, 도자기, 캔들, 목공예, 그림

핸드메이드로 어떻게 돈을 벌 수 있을까?
대표적인 수익 구조 3가지

핸드메이드 공방을 처음 시작했을 때 저는 돈을 버는 방법으로 클래스 운영과 제품 판매 외에 다른 방법도 있다는 사실을 몰랐습니다. 따라서 우선은 드림캐처 만들기 클래스 운영으로 수익 활동을 시작했어요. 제품을 판매하기 위해서는 사람들의 호기심을 끌 수 있는 다양한 종류의 아이템 디자인이 있어야 하는데 초창기에는 그러지 못한 상황이었기 때문에 바로 수익이 나오는 클래스에 집중할 수밖에 없기도 하거든요. 국내 핸드메이드 제품은 중국산 수입품보다 월등히 비싼 편이라 이 비싼 제품이 과연 팔릴 것인가에 대한 확신이 초창기에는 부족할 수밖에 없었고, 제품 판매에 막연한 두려움이 있기도 했었습니다.

그러나 다행히도 바로 그 지점이 디자인을 차별화해야만 하는 중요한 이유가 되어주었습니다. 중국산 제품은 가격이 저렴하기 때문에 언제 어디서나 구할 수 있습니다. 하지만 우리가 만드는 작품은 달라야 하죠. 그 '다른 것'을 만드는 것이 공방을 안정적인 수익으로 연결시켜주는 공방 수익화의 핵심 개념입니다.

전업으로 공방에 뛰어든다면 어느 정도 안정적인 수익 구조가 필요합니다. 그래서 다양한 수익 구조를 개척해나갈 필요가 있습니다. 저는 공방을 투잡으로 선택한 것이 아니라 전업으로 시작했기에 수익 구조에 대한 고민을 정말 많이 할 수밖에 없었는데요. 이제는 독자분들께 그동안 찾아온 핸드메이드 수익 구조 방법을 공유해드릴 수 있겠습니다.

◆

핸드메이드 공방의 수익 구조

핸드메이드 공방의 수익 구조는 크게 제품 판매, 클래스 운영, 기업 행사로 나뉩니다. 이 구조는 다시 온라인과 오프라인으로 세분화됩니다. 이 수익 구조들의 세부 내용과 장단점은 4장에서 더 자세히 얘기하도록 하고, 이번에는 공방 수익 구조에 대한 개념을 간단히 훑어보도록 하겠습니다.

× 핸드메이드 공방의 대표적인 수익 구조

다양한 '제품 판매' 루트

온라인으로 핸드메이드 제품을 만들어 판매하는 방법에는 개인 브랜드를 론칭해 쇼핑몰을 운영하거나 이미 잘 운영되고 있는 유명 플랫폼에 제품을 입점하는 방법이 있습니다. 입점이라고 하면 좀 생소하게 느껴지는 분들도 있을 텐데요. 흔히 아는 오픈마켓인 11번가나 G마켓, 쿠팡 등을 연상하면 됩니다. 다만 핸드메이드 특성상 가격 경쟁력으로 승부하는 오픈마켓보다는 좀 더 아기자기하고 감성이 돋보이는 아이디어스(idus), 아트박스, 1300K, 오늘의집, 텐바이텐(10x10) 등의 온라인마켓에 입점하는 것을 더욱 추천드려요.

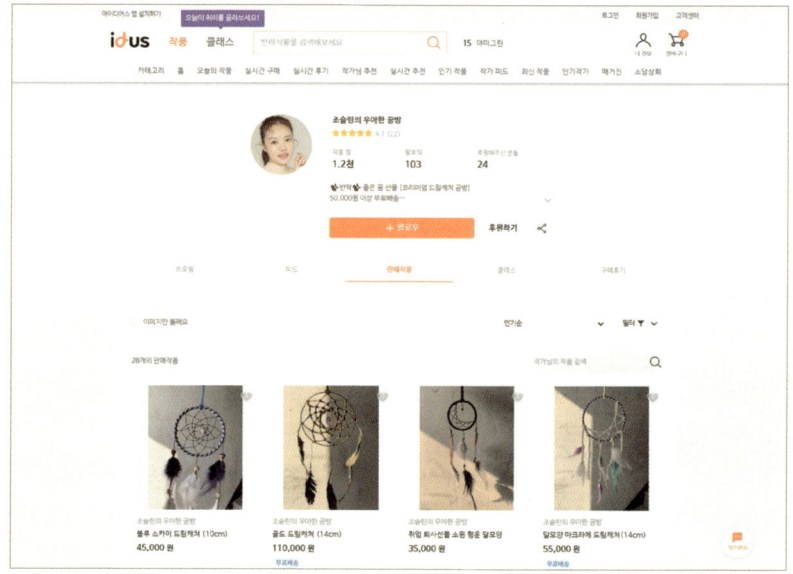

온라인마켓 '아이디어스(idus)'에 입점한 〈조슬린의 우아한 공방〉

오프라인 숍 '네모네'에 입점한 〈조슬린의 우아한 공방〉

    핸드메이드 제품은 한 땀 한 땀 공들여 만들기 때문에 온라인상에 게시된 사진만으로는 그 섬세한 장인의 손길이 잘 표현되지 않는 경우가 있어요. 이런 특성 때문에 핸드메이드 제품은 구매자가 직접 가까이에서 아이템을 만져볼 수 있는 오프라인 판매 방법이 더욱 좋다고 생각하는데요. 소비자가 공방에 직접 방문해 제품을 구매하는 방법도 있고, '숍인숍' 방법도 있어요. 숍인숍은 '숍(shop) 안에 다른 숍(shop)'이 있다는 개념인데요. 미용실 안에 네일숍이 있거나 카페 안에서 인테리어 소품을 판매하는 것 등이 모두 숍인숍이라고 볼 수 있습니다. 저는 해방촌의 편집숍에 입점하기도 했었고, 현재는 롯데백화점 동탄점

 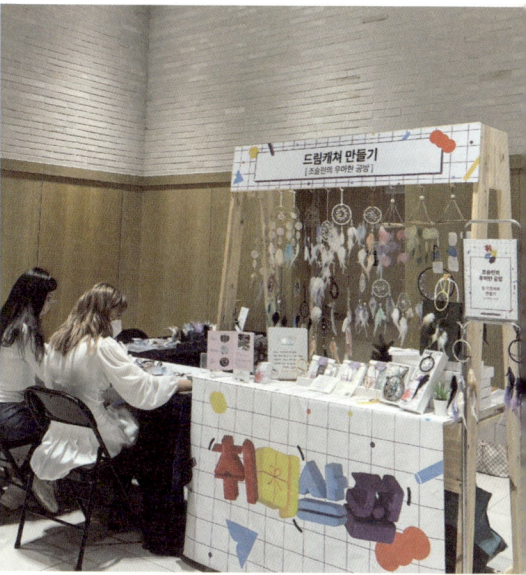

플리마켓(왼쪽)과 팝업스토어(오른쪽)에 입점한 〈조슬린의 우아한 공방〉

'네모네'라는 선물숍에서도 드림캐처를 판매하고 있습니다.
공원에서 산책하던 중 길거리에서 액세서리 등의 소품을 판매하고 있는 것을 보신 적 있나요? 광장이나 길거리에서 짧게는 하루, 길게는 3~4일 정도 플리마켓이 열리곤 하는데요. 비슷하게 백화점이나 아웃렛에서 진행하는 팝업스토어도 있습니다. 유동인구가 많은 곳에서 열리는 플리마켓이나 팝업스토어에 판매자로 참여하는 경우 다양한 사람을 만날 수 있고 현장에서 제품에 대한 피드백을 들을 수 있다는 점이 가장 좋습니다. 저도 플리마켓과 팝업스토어에 나가본 경험이 있는데요. 강원도 켄싱턴리조트 해변가의 플리마켓과 여의도의 랜드마크 더현대서울이 개최한 백화점 팝업스토어에서 많은 분께 사랑스러운 드림캐처들을 소개해드렸습니다.

요약

- **오프라인 판매:** 공방, 숍인숍, 플리마켓, 팝업스토어
- **온라인 판매:** 개인 브랜드 쇼핑몰, 온라인마켓 입점

◆

비대면 시대에 따른 클래스의 변화

공방 클래스는 생일 같은 기념일이나 특별한 날 오래도록 기억에 남는 추억을 쌓고 싶어 하는 분들이 데이트를 목적으로 많이 찾아옵니다. 밥 먹고 차 마시고 영화만 보던 뻔한 데이트보다 좀 더 예쁜 추억을 만들고 싶은 마음에서요. 서로에게 어울리는 콘셉트의 드림캐처를 만들고, 자신이 직접 만든 멋진 작품을 선물하기도 하지요. 코로나19 이후 오프라인 클래스의 인기는 조금 줄어들었지만 인기가 더 좋아진 상품은 드림캐처 DIY 키트입니다.

공방에 방문하고 싶지만 거리가 멀어 아쉬운 분, 집에 있는 시간이 길어지니 취미 활동으로 즐겁게 혼자만의 시간을 보내고 싶은 분, 아이들의 미술 활동을 원하는 부모님들의 수요 증가로 DIY 키트의 인기가 나날이 증가하고 있습니다. 간단한 설명과 함께 만드는 영상을 촬영해 유튜브에 업로드하면 소비자들은 원하는 시간과 장소에서 영상을 보며 작품을 따라 만들 수 있어요.

요약

- **오프라인 클래스:** 공방
- **온라인 클래스:** DIY 키트

〈조슬린의 우아한 공방〉에서 판매한 '크리스마스 드림캐처 DIY 키트'

◆

기업 출강 및 기업 홍보용 아이템 제작, 기업 행사

앞에서도 말씀드렸지만 요즘은 직원 복지를 위해 매달 공예 클래스를 열어주는 기업이 점점 많아지고 있습니다. 이는 언제든지 부족한 재료를 꺼낼 수 있는 공방에서 수업을 진행하는 것이 아니라 수업에 필요한 모든 재료를 회사로 준비해 출장을 가는 서비스이기 때문에 꼼꼼하고 철저한 사전 준비가 필요합니다. 자세한 사항은 5장에서 말씀드리도록 할게요.

기업에서 진행하는 단체 클래스 외에 기업이 자사 VIP 고객 답례품 용도로 회사 로고를 새긴 핸드메이드 제품을 대량으로 주문하기도 해요. 시중에서 흔히 볼 수 있는 제품이 아닌, 좀 더 특별한 아이템을 선물해 VIP 고객들에게 긍

드림캐처 클래스 오프라인 출강

정적인 브랜드 이미지를 심어주고 싶어 하기 때문이죠.

더불어 요즘은 오프라인 출강을 대신해 온라인 라이브 클래스도 한참 인기를 끌고 있는데요. 기업이나 기관에서 DIY 키트를 주문해 직원들의 집이나 회사로 키트가 배송되면 약속한 시간에 유튜브 라이브나 줌(Zoom)을 이용해 비대면 클래스를 진행하고 있어요.

> **요약**
>
> - **오프라인 기업 행사:** 직원 복지용 단체 원데이클래스, 자사 VIP 답례품
> - **온라인 기업 행사:** 라이브 클래스(유튜브, 줌)

썬캐처 클래스 온라인 촬영

    이번에는 독자분들께서 가장 궁금해하셨을 다양한 핸드메이드의 수익 구조에 대해 드림캐처를 중심으로 알려드렸습니다. 다만 저의 의도와는 다르게 어쩌면 이 방법들을 모두 다 해봐야 할 것 같은 부담감이 드실지도 모르겠어요. 저는 전업으로 공방을 시작해 시간적인 여유가 많은 편이었고, 호기심이 많은 성격에 소개해드린 방법을 모두 시도해본 것입니다. 처음 공방을 시작하기로 마음먹었다면 다양한 수익 구조 중 자신에게 적합한 한두 가지의 방법을 선택해 집중하는 것을 추천드려요. 이번 글에서 소개한 내용이 공방을 시작하기 전, 좋아하는 일로 어떻게 수익을 내야 하는지 막막했던 독자분들께 조금의 실마리가 되었기를 바랍니다.

나에겐 어떤 공방이 맞을까?
상황별로 추천하는 공방 유형

이 책을 읽고 있는 독자분들은 공방을 주제로 어떤 꿈을 품고 계신가요? '우선은 용돈 벌면서 나중에 취업 대신 공방 차려야지.' '소소하게 투잡으로 시작해 월급 외 수당을 만들어야지.' '퇴사 후, 내가 좋아하는 일로 인정받으며 살아야지.' 등 각자 원하는 목표가 있을 텐데요. 사실상 그 목표에 따라 공방 운영의 방향도 달라집니다.

사람마다 우선순위로 두는 가치와 각자가 처한 상황이 모두 다를 것이기에 '공방 운영은 이렇게 해야 합니다!'라며 획일화된 공방 유형을 추천드리고 싶지는 않습니다. 성공의 공식이 되는 공방 운영 방식이라는 것도 없을 것이고요. 각자의 상황에 맞게, 내가 원하는 인생의 방향성에 맞도록 오직 나를 위한 공방을 조금씩 설계해가는 것이 올바른 공방 운영이라고 생각합니다.

◆
대표적인 공방 유형 두 가지

공방은 크게 쉐어공방(공동 작업실)과 개인공방으로 나눌 수 있습니다. 쉐어공방을 조금 더 쉽게 말씀드리자면 요즘 유행하는 '공유 오피스'라고 할 수 있을 것 같아요. 20~30평 규모의 대형 작업실을 여러 작가님들이 공유해 함께 사용합니다. 쉐어공방은 공동 작업실이라고도 불리는데, 주로 미대생들이 많이 사용하는 구조예요. 아무래도 대학생들이다 보니 개인 작업실 전체를 계약해 사용하기에는 부담스러워 생겨났죠. 개인공방은 단어 그대로 개인이 독립해 자신만의 느낌으로 꾸민 공간입니다. 혼자서 사용하기 때문에 클래스나 작업에 온전히 집중할 수 있고, 업무 외에 사적인 모임 공간으로도 활용할 수 있어요.

　　공방은 차리고 싶은데 처음부터 개인공방으로 시작하기에는 겁나고, 쉐어공방에서 다른 작가님들과 작업하는 것은 어떨지 상상이 되지 않아 이도저도 선택하지 못하고 있지는 않으신가요? 아래의 실제 사례를 보며 나와 같은 상황의 사람들은 어떻게 생각하는지 살펴봅시다.

◆
쉐어공방에서 시작하기

저는 공방을 시작하고 1년이 지나 개인공방을 차렸는데요. 개인공방을 차리기 전, 사업 초창기에 쉐어공방에서 일하면서 기본기를 익히고 다양한 시행착오를 했던 경험이 큰 도움이 되었습니다.

　　당시 공간을 함께 사용하던 작가님들이 저를 포함해 6명 정도가 있었는데, 저와 다른 작가님 총 2명을 제외하고 나머지 4명은 회사를 다니며 투잡으로 공방을 운영했어요. 월급 외 수당을 벌고 싶어 공방을 시작했기 때문에 쉐어공방에는 자주 오지 않으셨는데요. 퇴근 후 저녁 7~8시, 주말이나 공휴일에 잠깐 나와 일하고 가는 정도였어요. 덕분에 저는 쉐어공방을 계약했지만 30평 정도 되는 넓은 공간을 거의 단독으로 사용할 수 있었습니다. 투잡으로 쉐어공방을 계약한 작가님들은 클래스보다는 온라인 판매에 집중했기 때문에, 주문이 들어오면 퇴근하고 공방에 잠깐 오셔서 택배를 보내고 가셨어요. 아무래도 투잡으로 일하는 상황이라 처음부터 무리하게 공방에 큰 비용을 투자하는 것은 너무 위험하고 부담스러운 일이라고 얘기하셨던 게 생각납니다.

일단 공방을 시작하고 싶은데 안고 가야 하는 리스크가 부담이 된다면 쉐어공방에서 경험을 쌓는 걸 추천해요. 저 역시 '딱 3개월만 내가 하고 싶은 일을 마음껏 해보자!' 가볍게 생각하며 공방을 잠시 경험해보고 싶었을 뿐이었기에 저렴하게 시작해볼 수 있는 방법을 찾아보다 쉐어공방에 입주하게 되었거든요. 당시 저의 상황에 딱 알맞은 공방이라 생각했습니다. 얼마나 오랫동안 공방을 운영할지 확신이 없는 상황에서 무턱대고 큰돈을 들여 무리하고 싶지는 않았거든요.

쉐어공방에서 일하게 된다면 다른 공방은 어떻게 운영을 하고 있는지, 클래스는 어떻게 하는지, 다른 작가님들은 어떤 방식으로 자신의 컬러를 핸드메이드 작품에 녹여내고 있는지 등 알게 모르게 배우게 되는 것이 정말 많아요. 생각보다 좋은 인연을 발견할 수도 있고요. 개인공방은 혼자서 작업하기 때문에 다른 공방 운영자분들을 만날 기회가 많이 없거든요. 기회가 닿아 그런 인연이 생긴다 하더라도 짧은 시간 안에 친밀감을 쌓기는 어렵기도 하고요. 현재 개인공방을 운영하는 저로서는 한 공간에서 숨 쉬고, 작업하고, 같은 고민을 나누고, 여러 사람의 열정을 느낄 수 있었던 쉐어공방이 살짝 그리워지네요.

◆
개인공방에서 시작하기

처음부터 개인공방을 열어서 시작한 분들은 지방에 거주하는 분들이 많았습니다. 쉐어공방은 상대적으로 임대료가 높은 서울이나 수도권 지역에 많은 편인데요, 지방의 경우 임대료가 낮기 때문에 수도권의 쉐어공방 임대료로 지방의 개인공방 임대료를 충당할 수 있습니다. 지방에서는 쉐어공방을 찾는 것이 더 힘들기도 하고, 임대료가 저렴하다는 장점도 있기에 처음 공방을 시작하시는 분들도 작게 개인공방으로 시작해봐도 좋다고 생각해요.

또 서울이나 수도권에서 처음부터 개인공방을 시작하는 경우는 사장님들이 경력 단절 상태이셨던 경우가 많았어요. 출산과 육아로 오랜 기간 경력이 단절되었다 보니 공방 외에 차선이 없다고 생각하셨던 것 같아요. 보증금과 인테리어 비용 등 초기 투자 비용이 많이 들어가니, 신제품 기획과 홍보 등 정말 열심히 일하시는 것이 피부로 느껴졌습니다.

지금까지 상황별로 추천하는 공방 유형을 설명드렸는데요. 어디에서 시작하는지보다 어디로 가고 싶은지가 더 중요하다고 생각합니다. 처한 상황이 좋지 않다 할지라도 뒤돌아서면 그 당시에만 경험하고 배울 수 있는 점들이 분명 있으니까요. 저도 그랬듯 여러분들도 각자의 상황에 충실하며 한 걸음씩 천천히 내딛어보기를 바랍니다.

핸드메이드 제품은 어떻게 만들까?

기획부터 출고까지, 제작 과정 A to Z

완제품을 저렴하게 구입해 와서 적정 마진을 얹어 소비자에게 판매하는 방법인 '사입', 국내에서 구하기 어려운 해외 상품을 대신 구매해서 수익 활동을 하는 '구매대행'과는 달리, 핸드메이드 제품을 판매하기 위해서는 여러 절차가 더 필요합니다. 아이템을 기획하고 재료를 사서 만드는 등의 단계죠. 이번에는 핸드메이드 제품 제작 과정에 대해 조금 더 상세하게 설명해드리도록 하겠습니다.

◆

핸드메이드 제품 제작 과정

핸드메이드로 제품을 만들 때는 다음과 같은 절차가 필요합니다. 다소 단계가 많아 보이지만 차근차근 설명해드릴게요.

- **핸드메이드 제품 제작 과정**

아이디어 기획 → 재료 구입 → 재료 소분 → 제작 → 포장 → 택배 발송

(당일~2주)   (1일~3일)

아이디어 기획

'어떤 제품을 만들지?' 하고 생각하는 단계입니다. 사용하려는 용도와 연령층, 인테리어 장소, 콘셉트, 메인 컬러, 가격, 소재 등을 고려해 대략적인 이미지를 머릿속에 그려내는 작업입니다. 저의 경우 참고할 만한 사진들을 캡처해 사진으로 보관하거나 메모장에 간단히 스케치를 하기도 합니다. 취미로 운영하는 것이 아니라면 공방은 아무리 장인이 예술품을 만든다 할지라도 제품이 판매되어 수익이 발생해야 그 의미가 있습니다. 너무 난해한 콘셉트보다는 코로나19, 평화, 화이트데이, 발렌타인데이, 어버이날, 크리스마스 같은 사회적인 이슈나 이벤트를 적극 활용해 상품을 기획하는 것을 추천드립니다.

재료 구입

머릿속에서 상상만 했던 나만의 아이디어 제품을 현실로 만들기 위해 재료를 구입합니다. 보통 핸드메이드 재료는 동대문종합시장 부자재 상가, 남대문시장, 방산시장, 꽃시장 등에서 구입할 수 있어요. 경우에 따라서 온라인 숍에서 재료를 주문하거나 주문 제작이 필요하기도 하죠. 작품을 만들기 위해 재료를 직접 만드는 경우도 있지만 흔한 경우는 아니에요. 우리가 생각한 재료들이 모두 시장에서 판매되고 있으면 좋겠지만 그렇지 않기 때문에 내가 생각하는 콘셉트를 잘 표현할 수 있는 재료를 찾는 것이 관건입니다. 부자재 도매 상가들은 아웃렛처럼 굉장히 큰 편입니다. 정확히 원하는 재료를 사려면 발품을 정말 많이 팔아야 해요. 제 경우 2018년에 구찌와 콜라보할 제품 재료를 구하기 위해 3일 내내 여러 도매 상가를 돌아다니며 재료를 찾아 헤맸던 기억이 있습니다.

샘플 제작을 위해 재료를 소량만 구매했는데 반응이 좋아 다시 대량으로 구매해야 할 경우 1~2주 정도를 기다려야 하기도 합니다. 모든 재료가 국내에서 생산되는 것이 아니라 1차적으로 수입해 와서 국내에서 재료를 재가공하고 처리하는 일련의 과정을 거치게 되기 때문이에요. 꾸준히 제품을 빠르게 만들어 내고 싶다면 재료 구입 시 도매상 사장님들께 '계속 나오는 재료인지, 대량으로 구입하고 싶을 경우 기간은 얼마나 걸리는지'를 여쭤보는 요령이 필요합니다.

재료 준비

도매로 구입한 재료는 대부분 100개 단위로 묶여 있거나 팩 단위로 포장되어 있습니다. 재료를 구입해 바로 사용할 수 없으니, 작업을 위해 재료를 소분하는 단계가 필요합니다. 제가 하고 있는 드림캐처의 경우 묶여 있던 구슬들을 풀어 통에 담아놓고, 정리되지 않은 실들을 실타래로 만들어 필요할 때 쉽게 풀어 쓸 수 있도록 준비해야 합니다. 라탄의 경우 라탄을 물에 적셔 아이템을 만들기 위한 길이로 잘라두는 작업, 향수나 비누의 경우 공병이나 몰드를 세척하고 소독하는 등의 재료 준비 단계가 필요하죠. 이렇게 준비한 재료들은 핸드메이드 제품으로 제작되고 포장되어 구매자들에게 닿게 됩니다.

◆

핸드메이드 제품 제작 방식

핸드메이드 제작 방식은 크게 '주문 제작'과 '선 제작'으로 나뉩니다. 주문 제작은 말 그대로 주문 확인 후 제품을 만드는 것이고, 선 제작은 소비자가 제품을 주문하기 전에 미리 아이템을 만들어놓은 것입니다.

주문 제작

주문 제작의 경우 판매자마다 다르지만 보통 2~3일 이내에 만들어서 발송합니다. 이 방식은 여러 장점이 있지만 가장 큰 장점은 재고 부담이 없다는 점이에요. 재고 부담이 없다는 뜻은 단순히 재료비를 아낄 수 있다는 의미로 생각하실 수도 있지만 제품을 만드는 데 필요한 시간과 정서적, 육체적 노동력까지 모두 절감된다는 뜻입니다. 주문 제작으로 제품을 만들어낸다면 이 모든 에너지를 아낄 수 있으니 아낀 시간과 에너지로 때에 따라 긴급하게 처리해야 할 중요한 업무를 할 수 있어요. 또 주문 제작으로 만든 아이템을 새로운 제품 기획으로 이어지게 한다면 공방 운영에 효율성을 높일 수 있습니다.

물론 단점도 존재합니다. 제품 제작에 필요한 재료의 재고가 없는 상태에서 주문이 들어올 때입니다. 앞서 재료 구입에서도 말씀드렸다시피 도매상에 재고가 충분히 없을 경우 재료를 받을 때까지 최대 2주라는 시간을 기다려야 합니다. 이런 일이 발생하면 구매자에게 연락해 제품 발송이 늦어지는 것에 양해를 구하거나 주문을 취소해야 하는 등의 유감스러운 일들이 발생하기도 합니다. 판매자의 신뢰도가 하락하는 과정이니 주문 제작 방식을 선택하기 전, 아이템에 필요한 재료가 빠르게 입고 가능한 상황인지 살펴볼 필요가 있습니다.

- **주문 제작**
  방법: 주문 후, 제품을 제작하는 방식(2~3일 이내 발송)
  장점: 재고 부담 없음 → 재료와 노동력 낭비 없음
  단점: 제작에 필요한 재료 재고가 없는 상태에서 주문 제작이 들어오면 배송이 지연될 가능성이 높음

- 아이디어 기획 → 재료 구입 → 재료 소분 → 제작 → 포장 → 택배 발송

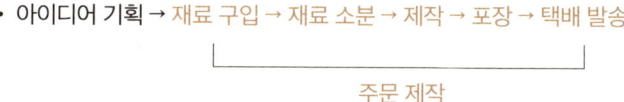

주문 제작

선 제작

선 제작은 구매자가 제품을 주문하기 이전에 미리 제품을 제작해 완성품 재고를 확보해두는 방법입니다. 재료 구입부터 택배 발송까지 모두 한꺼번에 처리해야 했던 주문 제작 방식에서 재료 구입부터 포장까지를 미리 해둠으로써 주문이 들어오면 바로 택배를 발송해드리는 방법이지요. 다만 선 제작의 경우 주문과 동시에 신속하게 제품이 발송된다는 장점이 있지만 ==판매가 되지 않을 경우 그대로 재고로 쌓이게 된다==는 치명적인 단점도 존재합니다.

실제로 제가 사업 초기에 가장 크게 했던 실수입니다. 강원도 플리마켓을 준비하던 때 휴가철이라 유동인구도 많고 제품도 예쁘니 무려 일주일에 거쳐 드림캐처를 정말 많이 만들어놓았어요. 그러나 하필이면 플리마켓 당일에 폭염이 있어 판매가 잘 안되었습니다. 사업 초창기는 시간 및 비용과의 싸움이기도 하니 지금 생각해도 정말 아쉬운 경험입니다.

- **선 제작**
  방법: 주문 전, 제품을 미리 제작해 재고를 확보해놓는 방식
  장점: 주문과 동시에 빠르게 제품 발송 가능
  단점: 판매가 되지 않을 경우 재고 발생

- 아이디어 기획 → 재료 구입 → 재료 소분 → 제작 → 포장 → 택배 발송

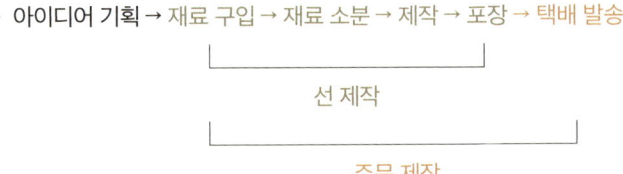

선 제작을 해두면 좋은 아이템

일정 기간 선 제작을 해두면 좋은 아이템들은 어떤 것들이 있을까요? 바로

향수, 디퓨저, 캔들, 비누와 같이 향기가 나는 제품들입니다. 6개월에서 1년씩 너무 오래전에 만들어두면 안 되겠지만, 향수나 디퓨저는 향을 조합한 이후 최소 일주일 정도의 숙성 기간이 필요합니다. 숙성시킨 좋은 향기를 바로 고객님들께 전달하기 위해서는 일정 기간 선 제작을 해두는 것이 좋습니다.

캔들이나 비누, 석고 방향제처럼 재료를 몰드에 넣고 굳히는 작업이 필요할 경우 바로 만들어서 배송하는 것보다 충분히 자연 건조해 제품의 표면뿐만 아니라 내부까지도 단단하게 마른 상태에서 택배를 발송합니다. 제품 속까지 충분히 건조되어야 배송 과정 중 발생하는 제품 파손의 위험률이 낮아집니다.

선 제작 시 유의해야 하는 아이템

선 제작 시 조심해야 하는 아이템은 바로 귀걸이, 목걸이 등 금속 액세서리 종류입니다. 액세서리를 좋아하는 분들이라면 한 번씩 경험해보셨겠지만 귀걸이를 착용했다가 뺀 후 공기가 통하는 곳에 오랫동안 방치해뒀다가 다시 착용하기 위해 꺼내서 보면 귀걸이의 색이 누렇게 변해 있을 때가 있습니다. 금속으로 된 액세서리류는 대부분 공기나 습기, 햇빛에 노출되면 제품이 산화되어 색이 누렇게 변색됩니다. 이를 방지하기 위해서는 만들어놓은 제품을 지퍼백에 포장해두어 변색을 방지하고, 제품을 새것 그대로 보관하는 요령이 필요합니다.

이번에는 핸드메이드 제작 방식과 선 제작 및 주문 제작에 대해 살펴보고 저의 사례들도 공유해드렸는데요. 이 글을 읽고 계시는 독자분들께서는 저와 같은 실수를 피하시고 더욱 효율적이고 안정적으로 공방을 운영하셨으면 좋겠습니다.

조슬린's Tip

선 제작과 주문 제작, 무엇을 선택할까?

사업 초창기에 저 역시 이 고민을 했습니다. 방금 말씀드린 선 제작을 하면 좋은 아이템, 선 제작 시 유의해야 하는 아이템이 아니라면, 실수로 깨달은 조슬린의 팁을 따라 해보셔도 좋겠습니다.

공방을 시작한 지 1년째부터 조금씩 인기 상품들이 생겨나기 시작했습니다. 아마 다른 공방들도 마찬가지일 겁니다. 판매 중인 여러 제품이 있겠지만 그중 인기 상품은 2~3개입니다. 저의 경우 주문이 많은 인기 상품들은 그 상품만 제작하는 날을 별도로 두어 일주일 치 주문 분량을 미리 선 제작하고 있어요. 이 외의 제품들은 주문 제작 방식으로 진행하고요.

선 제작 방식으로 제품을 준비해두면 인기 상품을 신속하게 발송해드리니 고객님들의 만족도가 높고, 제 입장에서도 하루에 여러 일을 나누어 하는 것보다 온종일 한 가지 작업, 즉 제작에만 몰두하니 집중이 잘되어 작업 효율성이 훨씬 더 좋아졌습니다. 그만큼 홍보나 마케팅 등 다른 업무에 힘쓰고 있어요. 앞서 설명드렸던 주문 제작 방식의 단점인 '재료의 재고가 없을 경우 배송이 지연될 수도 있다는 점'을 인지하고, 주문이 들어오면 바로 만들어 제품을 보낼 수 있게끔 꼼꼼하게 재고 관리도 수행하고 있습니다.

제품 포장은 어떻게 할까?

포장재 종류 및 소자본 패키징 방법

갓 만든 제품이 예뻐서 SNS에 올렸는데 예상치 못하게 주문이 들어온 적이 있습니다. 부랴부랴 포장 자재를 구매하긴 했지만 자재 이름을 몰라 애를 먹었어요. 제품만 신경 쓰면 되는 줄 알았는데 포장 자재도 은근 신경이 많이 쓰이더라고요. 사실 시중에서 흔히 볼 수 없는 아기자기한 핸드메이드 제품은 생일이나 취업 등 의미 있는 날 누군가에게 선물용으로 많이 구매하게 되니까요. 이번에는 핸드메이드에 어떤 포장 자재들이 있고 그 쓰임은 어떠한지 소개드릴게요.

◆

다양한 포장 자재들

온라인 쇼핑으로 물건을 구입해본 경험이 누구나 한 번쯤은 있을 텐데요. 택배를 받았을 때의 그 설렘을 떠올리시면 쉽게 이해가 됩니다. 귀걸이, 액세서리 등 작은 제품은 배송 중 모양이 흐트러지기 쉬워요. 이때 모양을 유지하고, 금속 제품 보관 시 변색을 방지하는 것이 지퍼백입니다. 금속 제품을 지퍼백에 한 번 넣고서 선물 상자에 한 번 더 넣어 포장하는 경우가 많아요.

    선물 상자와 제품 사이에는 빈 공간이 많이 생기는데요. 그 사이를 메꿔주는 것이 습자지나 쉬레드페이퍼입니다. 흰색이나 보라색, 연두색 등 다양한 파스텔 톤의 컬러감이 있는 자재가 많아 색상은 자유롭게 고를 수 있어요. 선물 상자 안에서 제품을 더욱 돋보이게 하기도 하고, 배송 중 외부 충격으로부터 제품을 가장 가까이에서 보호해주는 일차적인 완충제 역할을 하기도 합니다. 선물 상자 겉면은 공방 로고가 새겨진 라벨지나 리본 등을 활용해 예쁘게 꾸밀 수도 있어요. 상자를 담아 선물할 종이 가방도 구성할 수 있습니다.

    예전에는 일명 '뽁뽁이'라 불리는 비닐 소재의 에어캡을 많이 사용했죠. 요즘에는 환경 이슈가 있기 때문에 종이 완충제로 대체되고 있어요. 친환경을 위한 종이 테이프도 있고요. 다만 정성껏 포장했어도 배송 과정 중 우리의 작은 박스들이 큰 무게의 박스에 눌려 상자가 찌그러지거나 제품이 파손되는 경우가 가끔 있기에 포장을 꼼꼼히 하도록 신경 써야 합니다.

    방금 소개해드린 포장 자재는 인터넷에 검색해 최저가로 소량 구매할 수 있습니다. 대량 구매를 원한다면 '도매꾹(domeggook.com)'이라는 도매 사이트가 있어요. 사업자등록증이 있는 업체만 이용 가능한 사이트입니다. 인터넷 최저가보다 더 저렴한 포장 자재와 공구가 많이 있으니 참고해보셔도 좋겠어요.

◆

취급 주의 상품은 다마스 배송으로

포장 자재를 충분히 활용해도 택배로 발송하기가 어렵거나 불가능한 아이템도 있습니다. 대부분 깨지기 쉬운 유리와 도자기, 화분 등의 아이템인데요. 당일에 신선하게 배송되어야 하는 케이크나 생화도 여기에 포함됩니다. 특별히 배송에 신경 써야 하는 아이템이라면 다마스퀵으로 불리는 '다마스 배송'을 활용할 수 있어요. 작은 화물차에 실어 배달하는 형태로 퀵서비스라 볼 수 있습니다. 일반 택배보다는 운임 비용이 조금 더 높지만 보다 안전하게 제품을 소비자들에게 전달할 수 있어 많이 사용되고 있습니다.

◆

처음부터 전문적인 패키징을 해도 될까?

개인공방을 열게 되면 대부분이 공방의 로고를 만들어 그 로고를 넣은 선물 상자와 종이 가방 등을 제작해 전문적으로 패키징하고 싶어 합니다. 저 역시 그것이 일종의 로망이었고요. 그러나 패키징에는 꽤 많은 돈이 듭니다. 패키징 전문 업체에 직접 방문해 문의해보니 선물 상자는 간단하게 제작해도 개당 2천~5천 원대로 단가가 생각보다 높았고, 최소 주문 수량은 1천 장 이상부터 가능하다는 답변을 들을 수 있었어요. 비용도 비용이지만 공방에 자재를 쌓아 둘 공간이 없으니 공방을 좀 더 큰 곳으로 이전하게 되면 그때 패키징을 맡기기로 했습니다.

당시 저는 공방 시작과 동시에 바로 전문적인 패키징을 하셨던 주변의 사장님께 제 상황을 이야기했습니다. 사장님께서는 처음부터 자체적인 패키징을 시도하는 것에 회의적이시더라고요. 본인 역시 창업 시작부터 공방의 로고도 만들고 전문적으로 패키징을 해봤지만 공방 초기의 안목과 1년 후의 안목이 생각보다 정말 많이 달라진다고요. 스스로도 벌써 지금의 패키징이 너무 촌스럽게 보인다고 말이죠. 그러니 패키징은 기성품과 공방 라벨지 정도만 활용해 시작해보고, 나머지는 좀 더 준비해 천천히 시작해도 좋을 것 같다고 하셨어요.

◆
소자본으로 패키징하는 노하우

꾸준히 인스타그램을 관리하니 자연스레 다른 공방의 여러 패키징 사례를 보게 되었는데요. 어느 순간 공방의 이름이 바뀐 경우도 있고, 콘셉트가 변경된 경우도 있더라고요. 저도 중간에 이름을 바꿀 뻔한 적이 있었지만 사업 초창기부터 브랜드와의 콜라보를 쌓아왔고, 유튜브에 소개되는 등 다양한 이력이 있었기에 공방 이름은 변경하지 않는 것이 좋겠다고 판단했습니다. 다만 아쉬운 마음을 채우기 위해 그때부터 소자본으로 패키징하는 방법을 찾아보기 시작했어요.

소자본으로 브랜드 느낌이 나게끔 패키징하는 방법은 생각보다 정말 간단했습니다. 심플한 민무늬 선물 상자를 기성품으로 구입해 공방 로고를 넣은 라벨지를 붙이거나 리본을 둘러주기만 해도 충분히 깔끔하게 선물 포장을 할 수 있었어요. 여러분도 처음부터 전문적인 패키징을 하기 부담스러우시다면 패키징 전문 사이트를 검색해 다양한 포장 사례를 보면서 재료들을 구입해보길 추천합니다.

• 추천 사이트
페이퍼앤코, 데일리더즌, 패키지팩토리, 기프트아이, 포장119, 성원패키지

기성품을 활용한 〈조슬린의 우아한 공방〉 소자본 패키징

조슬린's Tip

효율적인 패키징 팁!

제가 선택한 드림캐처는 디자인이 워낙 다양해 부자재가 많은 편입니다. 재료가 많다 보니 포장 자재가 차지하는 공간은 작았으면 좋겠다 생각했어요. 드림캐처 완성품 크기도 천차만별이라 사이즈에 꼭 맞는 포장 자재를 각각 구입하는 것이 부담스럽기도 했고요. 저와 같은 고민을 하고 계신 독자분들이 있다면 저의 간단한 패키징 팁을 소개해드릴게요.

1. 제품을 크기별로 나열한다(가로, 세로, 높이).
2. 비슷한 크기의 제품을 묶는다.
3. 크기가 비슷한 제품은 같은 포장 자재(선물 상자, 택배 상자)를 사용해 불필요한 상자의 개수를 줄인다.
   예) 링 8cm, 10cm의 드림캐처는 가로 10cm 상자에 포장, 링 12cm, 14cm의 드림캐처는 가로 14cm 상자에 포장
4. 공방 로고가 있는 라벨지와 리본, 명함 등으로 선물 상자를 장식한다.
5. 선물 서비스(메시지 카드, 기프트백), 커스텀 서비스(레터링 등)를 추가 옵션으로 설정한다.

핸드메이드 제품의 경우 자신이 구입해 사용하는 경우도 있지만 세상에 단 하나밖에 없는 특별한 아이템을 누군가를 위해 선물하고 싶어 구매하는 분이 더 많기도 합니다. 이 경우 선물 옵션으로 메시지 카드나 기프트백을 추가하게끔 하거나 소비자가 원하는 문구를 인쇄해 라벨지를 만들어 제품에 붙여주는 레터링 서비스도 가능합니다. '내 제품은 어떤 상황에서 필요할까?' 고민해보면서 여러분의 아이템에 어울리는 옵션을 설정해보는 것을 추천드려요.

타 공방 패키징 사례

위에서 설명한 방법 외에 큰 비용을 들이지 않고서도 브랜드 이미지를 살려 패키징한 사례를 간단히 소개드리겠습니다. 디퓨저와 룸스프레이, 드레스퍼퓸 등을 만드는 향수 공방 〈하이애플〉의 사장님의 경우 투명한 공병과 검은색의 우드스틱을 구매했어요. 그다음 공방의 이름을 영어로 적은 라벨지를 제작해 공병 위에 붙였고 모던하게 홈 스타일링을 해 감성 있게 사진을 찍었어요. 이 외에도 메시지 카드, 땡스 카드 등을 추가로 제작해 현대적인 감성으로 제품을 포장했습니다.

캔들 공방 〈칸달라〉의 사장님의 경우 심플한 검은색 박스를 기성품으로 구입했어요. 공방 로고는 한국의 전통 창살 무늬로 제작했고요. 패키징도 전통 창살 느낌을 살리기 위해 상자 위에 진한 갈색의 띠지를 둘렀습니다.

향수 공방 〈하이애플〉의 디퓨저 패키징
자료: 〈하이애플〉 인스타그램

캔들 공방 〈칸달라〉의 캔들 패키징
자료: 〈칸달라〉 인스타그램

패키징 시 유용한 사이트

저는 포토샵과 일러스트레이터를 간단히 활용할 수 있어 공방 라벨지와 메시지 카드, 명함을 자체 제작했습니다. 다음은 제가 자체 제작 패키징을 할 때나 드림캐처 디자인 시안을 작업할 때 주로 사용하는 사이트들입니다.

핀터레스트(www.pinterest.co.kr)

PC에서도 접속이 가능하고 모바일 애플리케이션으로도 활용할 수 있습니다. 디자이너들이 자주 사용하는 앱으로 알려져 있고, 국내 및 해외 사례들을 찾아볼 수 있어요. 사이트에 접속해 한글로 '브랜드', '패키징', '선물 상자' 등으로 검색해도 되고, 영어로 'Brand', 'Packaging', 'Gift Box' 등으로 검색하면 더 많은 정보를 만나볼 수 있습니다.

인스타그램(www.instagram.com)

해외 사례가 더 많은 핀터레스트의 경우 재료 구입 시 어려움이 있습니다. 단순히 참고할 디자인만 검색한다면 핀터레스트를 추천드려요. 그러나 실제 패키징 제품을 구매하고 싶다면 인스타그램을 추천드려요. 국내 패키징 숍에서는 인스타그램 계정을 운영하는 경우가 많기에, 원하는 디자인을 유사하게 따라 만들 수도 있고 포장 자재도 쉽게 구매할 수 있습니다.

비즈하우스(www.bizhows.com)

일러스트나 포토샵 없이 셀프로 패키징을 하고 싶다면 비즈하우스를 추천드립니다. 여러 샘플을 보며 간단히 문구만 바꿔 명함이나 라벨지, 리플릿, 기프트백, X배너 등을 제작할 수 있어요. 전문가가 디자인해놓은 다양한 템플릿을 무료로 활용할 수 있으니 디자인에 어려움이 있는 분들에게 추천드려요.

(2장)

공방을 열기로 마음먹었습니다

예산은 얼마나 필요할까?

내 성향에 맞는 현실적인 수익 창출 구조 선택하기

초보 창업가가 가장 많이 하는 실수는 초기 투자 비용과 투자금 회수 기간, 비즈니스모델을 계획하지 않고 무턱대고 시장에 뛰어드는 것입니다. 공방 계약을 마쳤는데 인테리어 비용이 초과되어 오픈 날짜를 미루고 있는 상황, 투자금을 회수하지 못하고 재고만 쌓이는 상황이 생각보다 빈번하게 발생합니다. 초기 투자 비용을 최소한으로 정하고 투자금을 빠르게 회수해 흑자 전환에 성공하는 것이 보다 안정적으로 공방을 운영하는 방법입니다.

예산 정하기

자신이 실제로 투자할 수 있는 구체적인 예산을 정해야 합니다. 창업이 처음이라면 일상생활에 무리가 되지 않는 선에서 최소한의 금액으로 정하기를 추천드려요. 전문적인 기술 습득을 위한 자격증 취득 비용, 필요한 경우 인증 비용(KC인증, 식약처 인증 등)도 발생할 거예요. 매달 꾸준히 나가는 고정 지출로는 임대료와 공과금이 있고, 변동 지출로는 재료비와 부가 비용 등이 있습니다.

공방을 창업하고 나서 언제부터 수익이 났냐는 질문을 많이 받습니다. 저는 쉐어공방에 들어가고 한 달 이내에 적지만 수익이 나기 시작했으며 어느 정도 안정적으로 자리를 잡기 시작한 시기는 창업 후 6개월이 되던 시점이었습니다. 시장 상황, 제품의 우수성, 홍보와 마케팅 등에 따라 개인차가 발생하겠지만 저의 경험을 바탕으로 안정적인 수익이 나는 시점을 창업 후 6개월 정도로 설정하면 좋을 것 같아요. 이 기간을 최대한 보수적으로 잡고 싶다면 안정 기간을 1년으로 잡아도 좋습니다.

투잡으로 공방을 시작했다면 월급으로 생활비를 충당할 수 있지만 저처럼 전업으로 공방을 시작한 경우 공방이 안정될 때까지 사용할 생활비도 필요합니다.

- **예산 정하기**

필요 예산 = 자격증, 인증 비용 + 임대료, 재료비(6개월 치) + 생활비(6개월 치)

　　　　　　　└──────────투잡──────────┘
　　　　　└──────────────전업──────────────┘

◆

내 성향에 맞는 수익 창출 구조 선택하기

앞서 1장의 '핸드메이드로 어떻게 돈을 벌 수 있을까?'에서 설명드린 핸드메이드의 수익 창출 구조를 기억하고 계시나요? 제품 판매, 클래스 운영, 기업 행사라는 세 가지의 큰 카테고리가 있었고, 이를 온라인과 오프라인으로 세분화했었습니다. 행복하게 공방을 운영하기 위해서는 현재 자신의 상황이나 성향에 맞는 방법으로 수익 창출 구조를 정해보는 것을 추천해요. 다양한 예를 들어보겠습니다.

"우선 천천히 저녁이나 주말을 활용해 나만의 브랜드를 키워나가고 싶어"

주중에는 회사 업무에 집중하고 저녁이나 주말을 활용해 천천히 공방 창업에 도전해보고 싶은 분들이 여기에 해당됩니다. 시간적 여유가 많지 않은 학생이나 직장인이기에 온라인 활동을 가장 추천드리는데요. 그중에서도 나만의 브랜드를 키울 수 있는 개인 쇼핑몰 운영 또는 DIY 키트를 만들어 판매하는 온라인 클래스를 추천드립니다. 새로운 사람들과의 만남을 좋아한다거나 지식을 제공하며 짜릿함을 느끼는 분들이라면 주말에만 원데이클래스를 진행해보는 것도 좋아요.

온라인 쇼핑몰을 운영할 생각이라면 퇴근 후에는 주문이 들어온 제품을 만들어 발송하거나 SNS 홍보에만 집중한 뒤, 주말에 제품 기획과 사진 촬영, 제품

× **핸드메이드 공방의 대표적인 수익 창출 구조**

업로드 등 기획과 홈페이지 관리에 신경 써보세요. 평일과 주말로 나누어 일을 적절히 배분하는 것이 시간을 보다 효율적으로 사용할 수 있는 방법입니다.

사업 초창기는 브랜드 인지도가 낮은 상태이기에 유명한 온라인 편집숍에 입점하는 것도 아주 좋은 방법입니다. 핸드메이드 제품만 선별해 판매하는 아이디어스(idus), 감성적인 아이템을 판매하는 텐바이텐(10x10), 인테리어 제품을 판매하는 오늘의집 등 자신의 아이템과 감성의 결이 비슷한 플랫폼에 입점하는 것을 적극적으로 추천드려요.

"모 아니면 도! 주말을 이용해 브랜드를 빠르게 홍보하고 싶어"

성격이 급한 분들은 단시간에 큰 성과를 내고 싶을 거예요. 그중에서도 외향적인 분들이라면 오프라인 플리마켓과 팝업스토어를 가장 추천드립니다. 거리에서 진행되는 플리마켓의 경우 사업자등록증이 반드시 필요하지 않아 초보 셀러분들께 추천드려요. 백화점이나 아울렛 등 비교적 규모가 있는 곳에서 진행되는 팝업스토어에 입점하려면 사업자등록증도 있어야 하고 브랜드 인지도를 어느 정도 쌓아놓은 상태여야 하기 때문에 플리마켓에서 브랜드 인지도를 높인 다음 팝업스토어로 넘어가는 것이 좋습니다.

한강, 서울숲, 홍대 등 유동인구가 많은 곳에서 진행되는 플리마켓에 참여할 때는 아이템마다 다르겠지만 유동인구에 비해 제품 판매량보다 브랜드 홍보가 더 잘될 것이라 생각해요. 유튜브 구독이나 인스타그램 팔로잉 시 금액을 할인해주는 이벤트를 하면서 브랜드를 적극적으로 홍보해보세요. 입소문이 나면 가장 빠르게 성장할 수 있습니다.

"만드는 건 좋은데, 머리 아픈 건 딱 질색! 제작 외에 신경 쓰고 싶지 않아"

한 가지 일에 몰입하는 것을 좋아해 멀티태스킹이 잘 안 되는 분들, 회사 업무가 너무 많은 분들, 아이를 키우며 투잡으로 소소하게 진행하고 싶은 분들이 있을 거예요. 이런 경우 오프라인 편집숍에 입점하는 방법을 가장 추천드립니다. 주말이나 퇴근 후 저녁 시간을 활용해 제품을 만들고 기획하며, 한 달에 한 번 오프라인 편집숍에다 만든 제품을 제공만 하면 되니까요.

내가 만든 제품을 직접 판매까지 하기 위해서는 사진 촬영, 홈페이지 관리, 주문 및 재고 관리, 홍보와 마케팅, CS(Customer Service) 등 해야 하는 업무가 생각보다 아주 많습니다. 그러나 숍인숍을 하는 경우 월 입점료와 판매액에 대한 일정 수수료를 지불해야 한다는 금전적인 부담은 있어도 다른 업무를 병행

해방촌 편집숍에 입점한 〈조슬린의 우아한 공방〉

하면서 공방을 운영하고 싶을 때 시간을 많이 아낄 수 있어요. 본업 외에 좋아하는 일을 추가로 하면서도 생활적인 만족감도 얻을 수 있는 방법입니다.

"새로운 문화의 사람들을 만나고, 다양한 경험을 쌓는 게 정말 즐거워!"
지금은 공방에서 매번 다른 일을 하며 마음에 즐거움이 채워져서 여행을 많이 다니지는 않지만 저는 원래 낯선 곳에 가서 새로운 사람을 만나고 모르는 길을 가보는 모험을 참 즐겼어요. 그런데 지금은 다양한 기업에 출강을 다니는 것이 마치 저에게는 여행길 같습니다. IT 업계 사람들은 어떤 생각을 할까? 뷰티 업계 사람들은 어떤 성향을 지니고 있을까? 궁금하기도 하고, 같은 드림캐처를 만들어도 IT 업계분들은 신중하고 정확하게 만드는 반면, 뷰티 업계분들은 직장 동료들과 서로 재료를 바꾸어 창의적인 디자인으로 변화를 만들어내는데, 그 차이를 보는 게 너무 재밌더라고요. 다양한 사람을 만나고 그들의 이야기를 듣는 걸 좋아하는 저의 이런 성향이 공방 운영에 있어서 제품 판매보다는 오프라인 클래스와 기업 행사에 비중을 많이 두는 쪽으로 영향을 끼쳤죠.

뒤늦게라도 좋아하는 일을 하면서 먹고살 수 있다고 생각합니다. 시간은 조금 걸리겠지만요. 직장이 주는 안정감보다 자신의 즐거움이 우선인 분들이라면 나의 성향을 곰곰이 생각해보고 '공방 방향성'이라는 진로 고민을 시작해보세요. 묵묵히 지나온 길이 있었던 만큼 설레고 열정이 가득한 날들 또한 여러분을 기다리고 있을 겁니다.

홈공방으로 시작해볼까?
공간 분리만 제대로 하면 이보다 효율적일 수 없다

집에서도 공방을 운영할 수 있다고 상상해본 적 있나요? 저는 실제로 약 한 달 간 홈공방을 운영해본 적이 있습니다. 쉐어공방을 계약하고 입주 날까지 약 한 달이라는 공백 기간이 있었던 터라 그 공백을 마냥 흘려보내기에는 시간이 아깝다는 생각이 들어 시도했었습니다. 즉 '집에서 뭐라도 만들어봐야지.' 하고 가볍게 시작했던 것이 홈공방입니다. 이때는 홈공방이라는 개념을 모르고 시작했었어요. 집에 덩그러니 있던 책상 하나를 작업 테이블로 삼고, 작은 책상에서 핸드메이드 공방 창업이라는 꿈을 차근차근 키워나가기 시작했습니다.

짧은 시간이었기에 제품 판매나 클래스는 하지 못했지만 드림캐처 외에 인테리어액자 등 다양한 아이템을 제작해볼 수 있었어요. 또 지속적으로 나만의 기술을 익히는 등 본격적인 공방 운영 전, 연습 공간으로 집을 활용할 수 있었습니다. 다음의 작품들은 제가 4년 전에 실제로 집에서 만들었던 드림캐처와 인테리어액자예요. 작업 테이블에서 휴대폰으로 간단히 촬영한 사진들입니다.

홈공방에서 만들었던 인테리어액자와 '신라 공주님 드림캐처'

◆
공간 분리를 활용한 홈공방

홈공방이라는 개념을 처음 알고서 '아, 이런 방법도 있구나.' 하는 분이 많아요. 쉽게 말해 어른들의 놀이방 같은 개념입니다. 공간을 분리하는 가벽이나 높은 수납장을 활용해 주거 공간과 작업 공간을 구분하면 생각보다 어렵지 않게 만들 수 있답니다. 방 하나 정도를 작업실로 사용하는 방법도 좋은 방법이에요. 핵심은 공간 분리입니다.

◆
홈공방 운영 사례

지인이 원룸에서 자취를 시작하며 홈공방을 운영하겠다 해서 놀러 갔던 적이 있습니다. 공간은 좁고 물건은 많아 조금은 어수선할 것이라 생각했는데 생각보다 엄청 깔끔하고 아늑해서 정말 놀랐습니다. 재료를 보관하는 높은 수납장을 가벽으로 활용해 주거 공간과 작업 공간을 확실하게 나눠놓은 상태였어요. 수납이 깔끔하게 잘 되어 있어서 처음 이곳에 방문하는 분들은 그저 '주택가에 위치한 작은 공방이구나.'라고만 생각할 듯했어요.

클래스는 4인 이하 소규모로 진행되었는데, 매일도 아니고 주말에만 클래스를 여는 식이라 부담은 없어 보였습니다. 수업 테이블과 포토존, 비누 건조대와 의자를 준비하니 멋진 홈공방이 완성되었죠. 독립적인 장소가 있어야만 공방을 운영할 수 있을 것이라 생각했던 저의 선입견을 완벽히 깨준 사례였습니다.

× **지인이 운영하던 홈공방의 구조**

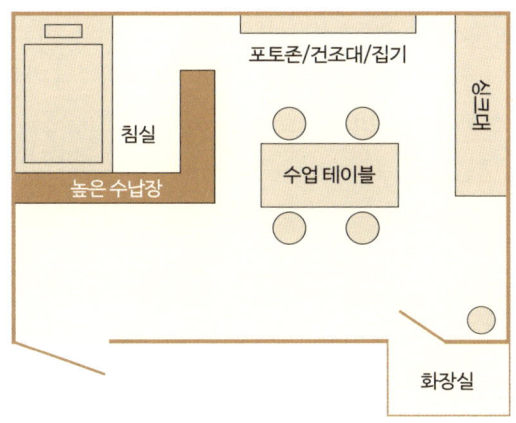

홈공방의 장점과 단점

'원하면 언제든지 바로 일을 시작할 수 있다'는 엄청난 장점을 가진 홈공방은 이 외에도 여러 가지 혜택이 많습니다. 작업실로의 이동 시간이 걸리지 않는 것, 아무런 겉치장 없이 일할 수 있는 것, 작업 도중 편하게 휴식을 취할 수 있다는 것, 사람마다 다르긴 하겠지만 집중이 잘 된다는 것. 무엇보다 별도의 임대료가 발생하지 않는다는 것도 큰 메리트죠. 조금 아쉬운 점이라면 일하는 시간과 쉬는 시간의 경계가 모호하다는 점이에요. 업무 시간을 정해놓지 않으면 하루 종일 일하는 경우도 빈번해지기 때문입니다. 그만큼 작업에 열중했다고도 표현할 수도 있겠지만요. 더불어 본인 외 거주자가 있을 경우에는 서로에게 조금 불편할 수도 있는 점도 단점입니다.

나만의 예쁜 작품을 만들어 판매할 수 있는 핸드메이드 제작자라는 직업을 정말 추천드리지만 아직 코로나19의 여파가 있어 오프라인 공방 창업은 저도 사실 추천드리기가 조심스럽습니다. 따라서 홈공방은 최대한 위험 부담 없이 안정적으로 공방을 운영하고 싶은 초보 창업자분들, 혼자 살며 투잡으로 공방을 운영해보고 싶은 분들께 추천드리는 공방 유형입니다. 비누, 캔들, 액세서리 등 소규모 아이템을 만들어 판매하거나 주말을 활용해 4인 이하의 소규모 클래스를 열고 싶은 분들께 홈공방을 권해드립니다.

쉐어공방으로 시작해볼까?
실무 노하우를 쌓기에는 최고의 공간

저는 홈공방에서 한 달 동안 기술을 익히고 쉐어공방(공동 작업실)에 입주해 1년이란 시간을 보냈습니다. 사실 1년이나 머무르게 된 것은 예상하지 못한 일이었어요. 쉐어공방에서의 새로운 경험들이 즐겁고 행복해서 시간이 빠르게 지나갔습니다. 이때 핸드메이드의 매력에 흠뻑 빠지면서 공방을 더욱 잘 운영해보고 싶다는 욕심이 들었죠.

공방 운영에 있어서 참고할 만한 모범 답안을 찾지 못하면 스스로 고민해보는 일이 잦아지고, 그렇게 원하는 방향을 찾아 차근차근 공방을 이끌다 보니 쉐어공방을 졸업한 후 지금의 〈조슬린의 우아한 공방〉도 차릴 수 있었습니다. 그렇게 저는 대학에서의 전공 공부와 6년여간의 직장생활을 뒤로한 채, 쉐어공방 안에서 핸드메이드라는 낯선 이력을 차곡차곡 쌓아가기 시작했어요. 제가 경험했던 대부분의 브랜드 콜라보도 바로 이 쉐어공방에서 시작하게 되었지요.

지금도 많지 않지만 당시 서울에는 드림캐처 공방이 없었어요. '드림캐처는 어떤 재료를 넣어서 이런 기법으로 만들어야 한다'고 옆에서 알려줄 사람이 단 한 명도 없었던 거죠. 이 때문에 저는 드림캐처 기법을 전부 유튜브 영상을 보며 독학으로 익혔습니다. 다행인 건 그런 환경이 오히려 도움이 되었다는 점이에요. 들어가는 재료가 비싼 줄도 모르고 넣고 싶은 대로 넣고, 만들고 싶은 대로 만들다 보니 자유로운 창작 활동을 하게 되었죠.

쉐어공방은 제가 성장할 발판이 되어준 장소라 개인적으로도 애착이 가는 공간입니다. 여러분도 쉐어공방에서 창업을 시작한다면 저처럼 개인공방을 시작하기 전 충분한 경험을 쌓을 공간으로 적극 활용하시길 바라요.

◆

쉐어공방의 구조 및 운영 프로세스

제가 머물렀던 홍대에 위치한 쉐어공방은 약 30평 정도 되는 규모였고, 5~6명의 작가님들이 있었어요. 1~2평 정도의 개인별 작업 공간과 재료를 보관할 수 있는 넓은 수납장이 마련되었고, 함께 사용할 수 있는 클래스룸에서는 공예 수업이나 대형 작업을 할 수 있었습니다. 저는 처음부터 공예 수업을 염두에 두고 있었기에 클래스룸이 있는 쉐어공방을 찾았지만 경우에 따라 클래스룸이 없는 쉐어공방도 종종 있습니다. 공예 수업을 진행하고 싶은 독자분들이 있다면 사전에 클래스룸 유무를 꼭 확인하고 입주하기를 추천드립니다.

클래스룸은 선착순 예약제로 운영되었습니다. 예약이 발생하면 공용 칠판에 적어두어 다른 작가님들과 일정을 함께 공유했죠. 공용으로 사용하는 공간이다 보니 수업용 아이템은 비누와 캔들, 디퓨저나 그림 등 작업 소음이 거의 발생하지 않는 일반적인 아이템이 많았습니다.

쉐어공방과 달리 개인공방을 운영하게 되면 편의 시설과 문구류까지 일일이 관리해야 합니다. 프린터와 냉난방기, 정수기, 냉장고 등 웬만한 가전까지도

× 쉐어공방(공동 작업실)의 구조

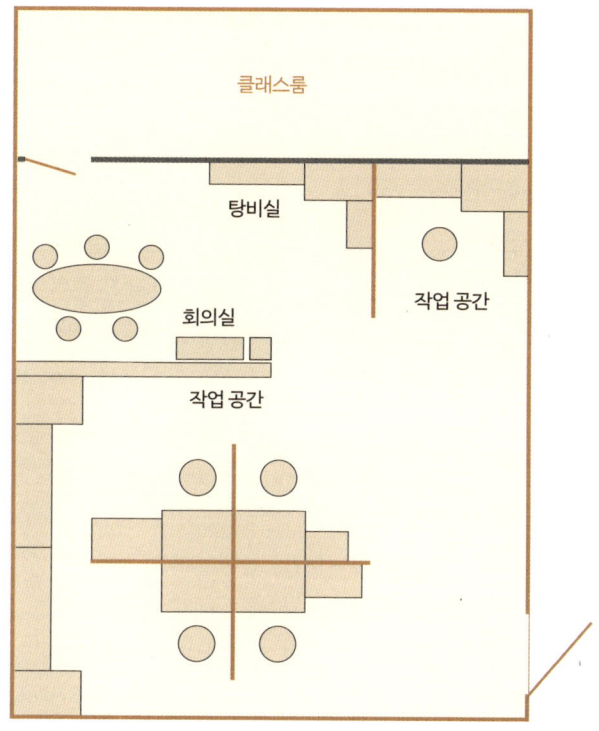

요. 핸드메이드 제품 자체만으로도 들어가는 재료가 다양해 준비할 게 많은데 시설까지 챙겨야 하니 마치 살림을 하는 것처럼 느껴지기도 합니다. 그러나 쉐어공방에서는 이런 편의 시설이 모두 갖춰져 있고 시설 관리도 별도로 하지 않아도 되어 굉장히 편리했어요. 오롯이 작업에만 집중할 수 있었죠. 개인별 작업 공간이 2~3평 정도로 작았지만 창업 초창기라 짐이 많지 않고 기술을 익히기에 급급했던 저에게는 딱 알맞은 유형이었습니다.

쉐어공방의 장점

최고의 학습소

강사 입장에서 공예 수업이란 보통 '만드는 기술을 알려주는 일'이라고 생각될지 모르지만 원데이클래스 운영을 직종으로 분류하자면 서비스직과 비슷하답니다. 원데이클래스는 소비자들에게 전문적인 지식보다는 새로운 경험을 제공하는 것이고, 아이템 제작 외에도 공방의 분위기, 강사의 말투, 완성품의 퀄리티 등을 종합적으로 고려해 소비자가 만족감을 느끼는 체험이기 때문이죠. 따라서 클래스 운영 방식이 꽤 중요한 요소입니다. 이는 추후 기업 행사 진행에 기초가 되는 역량이기도 해요.

이런 면에서 쉐어공방은 다른 작가님들이 수업하는 것을 들으며 클래스 진행에 많은 노하우를 얻을 수 있다는 장점이 있습니다. 처음 공방을 소개하는 법, 클래스를 시작하는 법, 처진 분위기를 유쾌하게 이끌어내는 법, 무엇보다 자연스레 수업을 마무리하는 방법까지. 바로 옆에서 귀동냥으로도 얻을 수 있는 것이 많아요. 경우에 따라 마음이 맞는 작가님들을 만난다면 협업도 가능하고, 개인이 각자 자신의 일을 묵묵히 하지만 공간을 함께 나눠 쓰니 외롭지 않다는 느낌도 많이 받습니다.

저렴한 임대료

사실 쉐어공방의 가장 좋은 점은 바로 저렴한 임대료입니다. 월 임대료를 1/N로 나누어 지불하기 때문에 경제적인 부담감이 적습니다. 인테리어가 깔끔하게 잘 되어 있는 곳이 많기 때문에 입주 후 별도의 인테리어 비용도 들지 않고요. 냉난방기와 정수기, 화장실 등 편의 시설에 문제가 생길 경우 관리자가 신속하게 문제를 해결해주기 때문에 시설 관리에 들어가는 시간과 허투루 새는 비용도 아낄 수 있습니다.

전업으로 시작 시 개인공방처럼 사용 가능

쉐어공방에 들어가기 전에 제가 가장 우려했던 부분은 '함께 사용하는 공간이다 보니 트러블이 발생할 수도 있지 않을까?' 하는 점이었습니다. 그러나 쉐어공방은 직장인들이 투잡으로 활용하는 경우가 많았기에 전업으로 시작했던 저는 평일 낮 시간 대부분을 개인공방처럼 혼자 조용히 작업에 몰두할 수 있었어요. 트러블이 발생하려야 발생할 수 없었죠. 평일 저녁이나 주말에만 진짜 쉐어공방을 이용하는 느낌이었어요. 저처럼 전업으로 시작할 분들에게는 이 부분도 큰 장점이 될 수 있습니다.

원하는 때에 퇴실 가능

쉐어공방의 또 하나 매력적인 점은 원한다면 바로 퇴실할 수 있다는 점입니다. 개인공방은 상가를 계약해야 하기 때문에 보통 2년이라는 계약 기간이 끝나야만 계약이 종료되고 퇴실이 가능해요. 그렇지 않을 경우 새로운 입주자를 구해야 하는데, 입주자가 구해지지 않을 경우 금전적인 손실이 발생하죠. 쉐어공방의 경우 1~2개월 이전에 임대인에게 날짜를 말씀드리면 바로 퇴실이 가능해요. 공방 창업 초기라 언제까지 공방을 운영할지 확신이 없었던 저에게는 아주 매력적으로 다가왔던 지점입니다.

◆

쉐어공방의 단점

장점이 훨씬 많은 쉐어공방이지만 그럼에도 단점이 있을 수 있습니다. 생활 습관이 맞지 않거나 상대에 대한 배려심이 부족한 작가님들을 만나거나 혹은 내가 그러한 경우 트러블이 발생할 수 있어요. 공용으로 사용하는 공간이다 보니 기본적인 매너는 지켜야 하기 때문이죠. 길어지는 전화는 밖에서 받기, 공용 공간은 깔끔하게 사용하고 뒷정리하기, 클래스를 하고 있다면 소음이 큰 작업은 피해주기 등 대부분의 공용 공간에서 지켜야 하는 에티켓과 다르지 않습니다. 평소 다른 사람들을 배려하는 게 크게 어렵지 않은 분들이라면 무리 없이 적응할 수 있을 거예요.

아이템마다 작업 소음에도 차이가 있는데요. 가죽 공예의 경우 가죽 연단을 위한 망치질 소리, 금속 공예의 경우 세공 소리 등이 꽤 큰 소음을 유발합니다. 보통은 일반적인 아이템을 선택한 분이 쉐어공방에 많이 입주하지만 혹 내가 소음이 크게 발생하는 아이템을 취급하고 있지는 않은지 쉐어공방을 구할 때는 꼼꼼하게 확인해보면 좋을 것 같아요.

◆

쉐어공방, 이런 분께 추천해요

본업 외에 재미있는 직업을 하나 더 갖고 싶은 분, 소규모 예산으로 공방을 시작해보고 싶은 분, 다양한 공예를 간접적으로 경험해보고 싶은 분, 다른 분야의 작가님들과 소통하고 싶으신 분, 자연스레 공방 운영 실무 노하우를 배우고 싶은 분, 투잡으로 시작해보고 싶으신 직장인과 대학생들에게 쉐어공방을 추천드립니다.

◆

초기 필요 자본

각자 상황에 따라 다르겠지만 투잡으로 시작할 경우 6개월 기준 300만 원으로도 충분히 시작할 수 있습니다. 보증금 30만 원, 임대료 및 관리비 150만 원

(25만 원×6개월), 재료비 120만 원(20만 원×6개월) 정도가 들어요.

    전업으로 시작할 경우 위 비용에서 6개월분의 개인 생활비를 더하면 됩니다. 일반적인 아이템 기준으로 계산한 것이고, 아이템별 필요한 자격증 취득 비용이나 인증 비용 등이 있다면 추가해서 계산해주세요. 각 지역별 임대료와 아이템별로 필요한 재료비도 다르니 개인의 상황에 맞게 꼼꼼히 따져보는 것이 중요합니다.

◆

쉐어공방을 구할 때 주의할 점

쉐어공방을 구할 때 고려 사항이 여러 가지 있습니다. 첫 번째는 상가 위치예요. 어떠한 방식으로 수익을 창출할지에 따라 내가 원하는 위치가 달라집니다. 클래스 위주의 수익 구조를 원한다면 타깃층의 유동인구, 대중교통과의 접근성을 가장 먼저 고려해야 합니다. 쉐어공방을 개인 작업실 용도로만 활용하고 온라인 판매를 계획할 분들이라면 완성품 사진이 만족스럽게 나올 만한 곳인지, 자신의 거주지와 쉐어공방이 가까운지가 중요합니다.

    클래스 계획이 있는 분들이라면 클래스룸 상태, 예약 방법도 꼼꼼히 살펴보세요. 자신의 아이템에 필요한 편의 시설을 체크리스트에 적어보고 그것들이 쉐어공방에 어느 부분까지 준비되어 있는지 확인해보세요.

    현재 입주해 있는 작가님들은 어떤 아이템을 취급하고 있는지, 주로 언제 방문하는지, 원하는 경우 1~2개월 이후에 바로 퇴실이 가능한 시스템인지까지도 꼼꼼히 살펴보세요. 주로 자신이 작업할 시간에 쉐어공방에 직접 방문해서 분위기를 보는 것도 요령입니다.

개인공방으로 시작해볼까?
내 취향대로, 나만의 브랜드가 탄생하는 곳

개인공방은 본격적으로 나만의 독립적인 작업실을 꾸려 운영하는 단계입니다. 저는 개인공방을 열기 전에 쉐어공방의 한계를 경험할 수 있었어요. 주말에 쉐어공방의 클래스 예약이 모두 마감되어 다른 수강생들을 받지 못하는 일이 생겼던 것이죠. 일정치 않게 날뛰던 수입이 점차 평균값을 가지며 안정권에 들어오자 나만의 공방이 필요한 단계에 접어들었다고 판단했어요. '이제는 작게라도 개인공방을 꾸려도 되겠다!'라는 생각이 자연스럽게 들었습니다.

개인공방 상가를 계약하자마자 '내가 과연 공방을 잘 운영할 수 있을까?' 하고 덜컥 겁이 났던 것도 사실이에요. 모든 것이 처음이라 두렵기도 했죠. 하지만 차근차근 준비해서 공방을 오픈하니 걱정했던 것보다 좋은 점이 훨씬 많았습니다.

처음 개인공방을 꾸린 직후의 사진

◆

개인공방의 장점

집중하기 좋은 환경

개인공방이 가지는 최대의 장점으로는 개인 작업이나 클래스를 진행할 때 집중력이 많이 높아진다는 점입니다. 저는 개인 작업을 할 때는 예민한 편이에요, 작업 스타일도 테이블에 모든 재료들을 꺼내놓고 그때그때 예뻐 보이는 재료들을 집어 즉흥적으로 디자인하죠. 일에 몰입하면 다른 것이 눈에 잘 안 들어오는 편인데, 개인공방을 차리고 나서 마음이 더욱 편안해져서 그런지 집중이 더 잘된다고 느낍니다. 한 단계 위로 올라갔더니, 더 높은 차원의 꿈을 꾸게 되기도 했고요.

내 취향을 담을 수 있다는 만족감과 나만의 공간이라는 안정감

개인의 취향에 맞게 공방을 꾸밀 수 있다는 점도 장점입니다. 인테리어를 포함해 자신이 좋아하는 색상, 집중이 잘되는 분위기가 있는데 그런 점을 모두 반영할 수 있죠. 혼자서 멍하니 음악을 크게 틀어놓고 듣다 보면 새로운 아이디어가 솟구치기도 합니다.

또 개인공방은 대부분 작고 아늑한 느낌이 들어서 친구들이나 지인들이 놀

원하는 콘셉트로 인테리어해서 감성 사진 촬영도 가능해요.

러오기에도 굉장히 좋습니다. 가끔 아지트처럼 사용하기도 하고, 공방 창업 강의를 하기도 하는 등 개인적인 공간 활용이 가능하다는 점도 만족스러운 장점입니다.

◆
개인공방의 단점

쉐어공방 때보다 두세 배로 높아진 임대료를 혼자서 부담해야 하니, 경제적인 부담감이 따라오는 것은 사실입니다. 핸드메이드 작품은 심리적인 영향을 굉장히 많이 받는다고 생각합니다. 제 경우 기분이 좋고 생각이 곧은 날에는 드림캐처가 아름답거나 귀엽게 만들어지고, 마음이 어두운 날에는 그에 따라 비뚤게 만들어지기도 합니다. 디자인을 할 때도 마찬가지고요. 항상 마인드 컨트롤에 집중하려고 하는데 경제적인 부담감이 몰려올 때는 이렇듯 조급한 마음이 들어 작품을 만들기에 어려움이 생길 수 있습니다. 창업을 생각하는 수강생분들께 빚을 내지 말고 조금씩 천천히 시작하라고 추천드리는 이유예요. 아름다움을 표현해야 하는 예술 작품이 오로지 상업적으로만 변해버리는 것은 매우 안타까운 일이니까요.

 오직 나만의 아지트인 개인공방이 고독한 공간으로 변질되어버리는 때도 있습니다. 보통 개인공방은 챙겨야 할 게 많다 보니 공방 안에 오래 머무르게 되는데요. 그러다 보면 혼자만의 세계에 갇히기도 합니다. 그럴 때 저는 되도록 퇴근 후 일주일에 한두 번은 저녁 약속을 잡거나 새로운 사람들을 만나면서 다른 세계의 사람들과 소통을 이어나가려고 노력합니다.

◆
개인공방, 이런 분께 추천해요

'집중력이 높아진다'는 짧은 표현으로 개인공방의 장점을 대신했지만, 사실 집중력은 작품 디자인과 퀄리티 전반에 굉장히 큰 영향력을 끼칩니다. 개인 작업이나 클래스에 깊게 집중하고 싶은 분들이나 공방이 안정적으로 운영되고 있는 창업 중반기의 분들, 전문적으로 공방을 운영해보고 싶은 분들께 개인공방을 추천드려요.

◆
초기 필요 자본

투잡으로 쉐어공방을 운영할 경우 초기 필요 자본이 약 300만 원이었다면, 투잡으로 개인공방을 시작할 때는 최소 약 2천만 원 정도가 필요할 것으로 예상됩니다. 정말 최소한의 비용을 말씀드린 것이며 원하는 장소와 규모, 아이템별 필요 설비에 따라 금액은 천차만별로 달라질 거예요.

예시를 들어보겠습니다. 제가 자리한 서울 합정동에서 6평 규모의 작은 공방을 운영했을 경우입니다. 보증금 1천만 원, 인테리어 비용 50만 원, 가구 구입 비용 300만 원, 임대료 420만 원(70만 원×6개월), 공과금 및 관리비 60만 원(10만 원×6개월), 재료비 300만 원(50만 원×6개월)으로 총 2,130만 원이 계산됩니다. 전업으로 시작할 경우 여기서 개인 생활비도 추가로 고려해야 합니다.

개인공방을 구할 때 주의할 점

무엇보다 위치 선정을 가장 중요하게 고려해야 합니다. 타깃층의 유동인구가 밀집된 지역인지, 대중교통과의 접근성은 좋은지, 층은 몇 층인지 등. 이 책에서 자세히 다루지는 않겠지만 상권 분석을 통해 위치를 잘 선정해보세요.

쉐어공방과 다르게 꼭 살펴봐야 하는 점이 있다면 바로 전반적인 시설입니다. 인테리어 비용은 모두 임차인이 부담해야 하는 사항이기 때문에 상가를 계약해 실제로 공방을 운영하게 된다면 인테리어 범위는 어디까지인지, 비용은 얼마나 예상되는지 등 대략적인 견적을 꼭 내봐야 합니다.

인테리어는 크게 벽(페인트, 벽지), 바닥(에폭시, 마루), 조명을 생각하면 됩니다. 집을 보는 것처럼 외부 소음은 어떤지, 바람이 들어오거나 누수가 있는지, 수압은 괜찮은지 등 꼼꼼하게 살펴보세요. 캔들이나 향수 공방처럼 몰드나 공병 세척 작업이 많을 경우 온수 사용이 가능한지도 추가로 확인해보세요.

정말 중요하지만 처음 사업을 시작할 때 잘 모르는 부분이 있습니다. '상가 원상 복구'라는 개념인데요. 간단히 말씀드리자면 퇴실 시 처음 입주했던 환경과 똑같이 원상 복구를 해놓아야 한다는 의미예요. 예를 들어 원래는 흰색이던 벽을 초록색으로 바꿨다면 퇴실 때는 다시 흰색으로 바꿔놓아야 한다는 것이죠. 계약하기 전에 어느 정도까지 인테리어가 가능한지 임대인과 협의를 보고, 계약서에 명확히 기재해놓는 것이 추후 발생될 문제를 예방하는 방법입니다.

내가 좋아하는 일을 하며 살기 위한 첫 단계로 홈공방, 쉐어공방, 개인공방의 각 유형별 장단점과 초기 필요 자본, 주의해야 할 점, 추천드리는 유형 등 다양한 관점을 들여다봤습니다. 소개드린 여러 가지 팁을 바탕으로 여러분들의 소중한 공간을 탈 없이 예쁘게 시작하시길 바라겠습니다.

나에게 꼭 맞는 공방 매물 찾는 법
커뮤니티 사이트를 적극 활용하자

원하는 장소, 분위기, 가격대의 공방을 한눈에 쉽게 파악할 수 있는 사이트가 있다면 얼마나 좋을까요? 내게 꼭 맞는 공방을 찾을 수 있는 커뮤니티 사이트들을 알려드릴게요.

◆
문화상점

가장 먼저 추천드리는 사이트는 네이버 카페 '문화상점(cafe.naver.com/pandamarket)'입니다. 핸드메이드 공방을 운영하는 사람들은 모두가 알고 있고 가입되어 있을 법한 정말 유명한 커뮤니티예요. 공방을 처음 운영하는 독자분들은 좋은 팁을 얻을 수 있습니다. 안정적으로 공방을 운영하고 있는 사장님들은 잘 활용하면 유용한 교육들을 무료로 수강할 수도 있고 아르바이트생을 쉽게 구할 수도 있어요.

　공방 매물과 쉐어공방 정보, 임대 정보 외에도 정말 다양하고 유용한 정보가 많은 곳입니다. 공방에 특화되어 있는 사이트이기에 공방 관련 물품들만 따로 모아 중고 거래도 가능해요. 플리마켓을 신청할 수도 있고 미리 다녀온 분들의 참가 후기도 엿볼 수 있습니다. 숍인숍 모집 정보도 올라오며 입점을 희망하는 경우 게시물 남기기 기능도 적극적으로 활용할 수 있어요. 원데이클래스나 취미 클래스를 모집하는 등 여러 용도로 활용이 가능하죠. 저도 시간이 있을 때 틈틈이 이 카페에 들어가보는데요. 브랜딩 관련 강의를 들은 경험도 있고, 이곳을 통해 플리마켓에 나가본 경험도 있습니다.

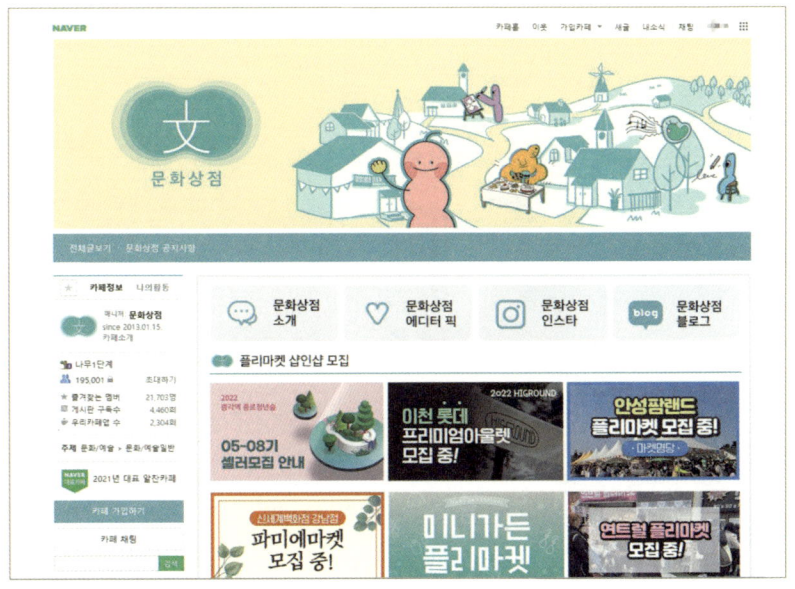

네이버 카페 '문화상점' 홈페이지

작업실 커뮤니티 레인보우큐브

두 번째로 소개드리는 곳은 '작업실 커뮤니티 레인보우큐브(www.rainbowcube. co.kr)'라는 사이트입니다. 본래는 미술 작업실 커뮤니티지만 다양한 쉐어공방 모집도 활발하게 이루어지는 곳입니다. 공방 시설들 사진은 물론이고 보증금과 임대료 등의 정보가 상세하게 나와 있어요. 임대인이 직접 매물 정보를 올리는 구조로, 허위 매물이 없다는 점이 가장 큰 장점입니다.

실제로 제가 처음 쉐어공방 매물을 검색하고 계약했을 때 이용했던 사이트예요. 서울과 수도권 위주의 정보가 많으며, 개인공방보다는 쉐어공방 소개가 더 많습니다. 이 외에도 각종 전시 및 공모전 정보가 있으니 다양한 경험을 필요로 하는 분들이 들어가보면 정말 좋을 사이트입니다.

'작업실 커뮤니티 레인보우큐브' 홈페이지

◆
그 외의 방법

부동산에 직접 방문하거나 네이버 검색창에 '지역명+공방 임대'의 형태로 검색해 마음에 드는 공방을 찾는 방법도 있습니다. 저의 경우 쉐어공방은 앞서 말한 레인보우큐브에서 매물을 찾았고, 개인공방은 부동산을 통해서 계약하게 되었습니다.

    상권 분석을 통해 새로운 장소에서 처음부터 인테리어를 시작하며 공방을 꾸릴 수도 있어요. 문화상점이나 레인보우큐브를 통해 원래 공방이 있던 자리에다 이어서 나만의 개인공방을 운영한다면 인테리어 비용을 아낄 수도 있습니다. 같은 아이템을 하던 자리에 들어가면 편의 시설이나 집기 등을 저렴한 비용으로 구매할 수도 있어요.

얼마나 팔아야 할까?

안정적인 운영을 위한 목표 매출과 재료비, 제품 정가 책정

이제부터는 내가 좋아하는 일을 하면서도 회사 월급만큼의 수익을 얻고자 할 때 매출이 얼마나 되어야 하는지 계산해봅시다. 안정적인 수입이 있어야 새로운 작품을 창작할 수 있는 마음의 여유도 생기고, 내가 좋아하는 공간을 오랫동안 지킬 수 있기 때문에 공방 시작 전에 현실적으로 재료비와 정가를 책정해보고 매출을 얼마나 발생시켜야 공방을 지속적으로 이끌어나갈 수 있는지 생각해봐야 합니다.

◆

목표 금액 정하기

직장인 월급과 비슷한 수입을 얻고 싶다면 생각보다 꽤 많은 매출이 발생해야 합니다. 이제부터는 숫자가 나오니 눈을 크게 뜨고 집중해주세요. 월 300만 원

을 벌고 싶다고 가정해볼게요. 임대료와 관리비, 재료비 등을 제외하고 순전히 나에게 들어오는 돈, 즉 순수익이 300만 원이 되어야 하는 것이죠. 순수익 300만 원을 벌기 위해서는 얼마의 매출이 나와야 할까요? 상세히 계산하는 방법들이 있겠지만 1인 기업에서 참고할 만한 간단한 매출 계산법을 소개드리겠습니다.

우선 목표 매출을 계산하기 전, 제품 1개를 판매했을 때의 마진율을 계산해보세요. 1만 원짜리 아이템를 만들어 판매했을 경우 재료비를 제외하고 7천 원이 남는다고 가정해보겠습니다. 이때 마진율은 70%가 되는 것이죠. 마진율은 아이템마다 다를 수 있습니다.

마진율을 판매가의 70%로 가정한다면 '300만 원(순수익)÷0.7(마진율)=428만 원'이므로 428만 원어치의 제품을 판매해야 합니다. 재료비 외에 임대료도 계산되어야 하니, 428만 원의 매출에서 임대료 70만 원, 관리비 10만 원을 더해주면 총 508만 원의 매출이 나야 됩니다. 간단히 정리하자면 마진율이 70%인 아이템을 매달 고정비용 80만 원이 들어가는 공간에서 만든다고 가정했을 때, 월 300만 원 정도의 순수익을 얻기 위해서는 508만 원의 매출이 발생되어야 하는 것입니다. 홈공방을 운영할 경우 고정비용은 고려하지 않아도 되고, 쉐어공방을 운영할 경우 고정비용이 많이 줄어들 거예요.

내가 만들 아이템별로 들어가는 재료비도 다르고 마진율도 각각 다를 겁니다. 중요한 점은 사업을 시작하기에 앞서 한 달에 어느 정도의 수익을 얻고 싶고, 그러기 위해서는 어느 정도의 매출을 내야 하는지를 대략적으로나마 꼭 고려해봐야 한다는 점이에요.

요약

목표 판매액 = 순수익÷마진율
최종 목표 매출 = 목표 판매액+임대료+관리비

아이템 개당 재료비 책정 방법

아이템 개당 재료비를 책정해보겠습니다. 아이템 1개를 만드는 데 들어가는 재료 하나하나의 값을 더해준다고 생각하면 쉽게 이해됩니다. 저는 드림캐처 공방을 운영하고 있기 때문에 드림캐처 재료들을 예시로 들어보겠습니다.

드림캐처 재료는 보통 도매 단위인 100개, 끈은 1롤(또는 1타래), 구슬은 1줄 단위로 구입하고 있어요. 여기서 재료들을 최소 단위인 1개(끈은 1마)로 나눠 재료 1개당 가격을 계산해보고, 드림캐처 1개를 만드는 데 필요한 재료가 어느 정도인지를 계산합니다. 이 방법으로 1개의 아이템을 만드는 데 들어가는 재료비를 쉽게 계산할 수 있어요.

× 재료비 책정 방법 – 각 재료마다 '개당 재료비(C)'와 '아이템 1개당 필요한 재료 개수(D)'를 곱해 전부 더한 값

구분	링	끈	구슬(대)	구슬(소)	깃털
구입 단위(A)	100개	1롤	35개	100개	100개
최소 단위(B)	1개	1마	1개	1개	1개
개당 재료비(C)	?	?	?	?	?
아이템 1개당 필요한 재료 개수(D)	1개	3마	1개	14개	3개
드림캐처 재료비	C×D +	C×D +	C×D +	C×D +	C×D

예시: 드림캐처 재료

정가 책정 방법 - 클래스

생각보다 많은 수강생이 클래스의 정가 책정을 어려워하기에 제 나름대로 정가 계산식을 세워봤어요. 제시해드리는 계산식은 아이템과 시장 상황에 따라 달라질 수 있으니 참고만 해주시기 바랍니다.

클래스 정가 계산식 = (재료비×2) + 포장비 + (클래스 시간×시급) + (클래스 시간 ×1인 장소 대여료)

재료비: 재료 구매, 준비 시간 등을 모두 산정하기 위해 원 재료비에서 2배로 계산해줍니다.
포장비: 클래스 이후 수강생이 만든 아이템을 포장할 선물 상자, 종이 가방 등 패키징에 들어가는 모든 재료를 더해 계산해줍니다.
시급: 일대다 수업일 경우 시급은 1만 원으로 잡고, 일대일로 프라이빗하게 진행되는 경우 시급을 조금 더 올려보세요.
1인 장소 대여료: 공방이 위치한 장소의 파티룸이나 스터디룸을 기준으로 클래스 시간만큼 계산해주면 됩니다.

정가 책정 방법 - 판매

클래스 정가 책정 방법과 마찬가지로 판매 제품의 정가도 아이템과 시장 상황에 따라 계산식이 달라질 수 있으니 참고용으로 봐주시기 바랍니다.

판매 정가 계산식=(재료비×2)+포장비+(제품 제작 시간×시급)+기획·촬영·홍보비

재료비: 재료 구매, 준비 시간 등을 모두 산정하기 위해 원 재료비에서 2배로 계산해줍니다.

포장비: 제품을 포장해드릴 선물 상자, 메시지 카드, 종이 가방, 택배 상자 등 패키징에 들어가는 모든 재료를 더해 계산해줍니다.

시급: 기술자의 경우 인건비를 시간당 2~3만 원으로 책정합니다. 공방 초창기라 제작 기술이 미숙할 경우 제품 제작 시간이 오래 걸릴 수 있으니 최저 시급으로 계산하고, 실력이 향상됨에 따라 시급을 조금씩 높이는 방법도 좋습니다.

기획·촬영·홍보비: 작품을 만들기 위해 아이디어를 구상하는 기획, 제품 촬영, 홈페이지 관리, CS 관리, 홍보와 마케팅 등 제품 제작 외 판매를 위해 투입된 시간과 노력들도 비용으로 산정해줍니다. 이 부분은 명확하게 정량적으로 수치화할 수 없는 요소인데요. 저의 경우 1만 원으로 산정하고 있어요.

이번에 소개해드린 판매 정가 계산식들은 전부 참고용입니다. 정가를 계산할 때 어떤 점을 고려해야 할지 충분히 살펴보고, 자신의 아이템에 맞게 판매 가격을 책정해보세요. 시장 가격을 조사한 후 계산된 금액이 적정 수준인지 꼭 한 번 더 확인해보길 바랍니다.

◆

월 판매 개수 계산 방법

정가 책정까지 완료했다면 한 달에 몇 개의 아이템을 판매해야 원하는 수익을 얻을 수 있는지 계산하는 단계입니다.

월 판매 개수 = 목표 매출/정가(클래스, 판매)

　판매 제품의 정가를 5만 원으로 가정해보겠습니다. 앞서 목표 금액 정하기에서 계산했던 대로 개인공방의 경우 월 순수익 300만 원을 벌기 위해서는 508만 원의 월 매출이 필요했습니다. 그러니 508만 원을 5만 원으로 나누면 한 달에 약 102개의 아이템을 판매해야 한다는 결과가 나옵니다. 한 달을 30일로 가정하면 하루에 약 3~4개의 아이템을 판매해야 합니다.

　이번에는 재료비와 클래스 정가를 책정해보고, 공방에서 실제로 어느 정도의 매출을 일으켜야 내가 원하는 삶을 살 수 있는지 현실적으로 고민해보았는데요. 책에서는 월 300만 원을 목표 순수익으로 예시를 들었지만 독자분들께서는 원하는 수익이 다르거나 따로 개인공방이 필요하지 않은 경우 위 계산식을 참고로 한 달 목표 매출과 판매 개수를 다시 계산해보세요. 내가 좋아하는 일을 오랫동안 하기 위해서 안전성이라는 장치를 꼼꼼히 따져볼 필요가 있습니다.

어디에서 팔아야 할까?
내 작품에 날개를 달아줄 판매 플랫폼 찾기

직전 글에서 원하는 목표 매출도 설정해보고 그 수익을 벌기 위해 하루에 몇 개의 제품을 판매해야 하는지도 계산해봤습니다. 그렇다면 이제 어느 곳에서 제품을 판매해야 할까요?

아직은 코로나19의 여파로 오프라인 공방 창업을 적극적으로 추천드리지 않아요. 따라서 홈공방이나 쉐어공방에서 활동하는 작가님들이 활용하면 좋을 온라인 판매 플랫폼들을 소개해드리겠습니다. 실제로 제 공방이 입점해 있는 플랫폼들이며, 감성적인 핸드메이드 작품에 어울리는 판매 사이트들입니다.

◆
특색 있는 최소한의 플랫폼에 입점하는 것이 효율적이다

입점 플랫폼들을 소개하기에 앞서 제가 세운 전략을 먼저 말씀드릴게요. '많은

==플랫폼에 입점하기보다는 이미 활성화되어 있고 특색 있는 플랫폼에 최소한으로만 입점하자!=='라는 전략인데요. 사실 여러 플랫폼에 입점하면 번거로운 일이 많습니다. 각 플랫폼별로 판매 상품 업로드, 신규 제품 업데이트, 주문 정보 확인, 리뷰 및 문의 사항 답변 등 관리해야 할 일이 생각보다 많기 때문입니다. 저는 1인 기업이기에 입점 제안을 여러 곳에서 받을 경우 그만큼 플랫폼 관리가 굉장히 힘들 거라는 점을 예상했고, 핸드메이드 작품에 어울리는 최소한의 플랫폼에만 입점하는 것이 효율적이라 생각했어요. 그렇게 고른 곳이 아래의 플랫폼들입니다. 제가 입점한 플랫폼 외에 추천 플랫폼도 실었으니 참고가 되시길 바라요.

네이버 스마트스토어

공방 창업과 동시에 가장 처음 입점한 곳입니다. 네이버 아이디만 있다면 누구나 입점이 가능해요. 사실 브랜드 홈페이지를 만들지, 네이버 스마트스토어로 시작할지 굉장히 고민이 많았는데요. 브랜드 홈페이지 대신에 네이버 스마트스토어로 시작하자고 결정하게 된 계기는 바로 관리가 간편하다는 점 때문이었어요. 물론 지금은 브랜드 홈페이지를 만들어 네이버 스마트스토어와 함께 관리하고 있습니다. 둘 다 운영하다 보니 브랜드 홈페이지는 디자인, 검색엔진 최적화, 공지사항 등 관리해야 하는 내용이 많아, 저는 네이버 스마트스토어가 더 편리하다고 느꼈습니다. 브랜드가 어느 정도 성장한 시점에서는 간단하게 홈페이지를 만드는 것도 추천드려요.

네이버 스마트스토어는 별도로 사업자등록을 하지 않아도 개인 판매자로 당장 시작할 수 있습니다. 단, 직전년도 연 매출액이 4,800만 원 이상이거나 당해 연도 1월부터 누적 결제금액 총액이 4,400만 원 이상인 개인 판매자는 사업자 전환 대상입니다. 처음 스토어를 오픈할 때 공방 이름을 정해야 하는데, 정하고 나면 딱 1번밖에 스토어 이름을 변경할 수 없으니 스토어명은 꼭 신중하게 결정하세요.

제 경우 네이버 스마트스토어에서 드림캐처 완제품과 DIY 키트, 원데이클래스 티켓을 판매하고 있는데요. 매일 판매되는 인기 제품들도 있지만 그렇지 않은 상품들도 있습니다. 인기가 별로 없는 제품이라고 해서 상품 목록에서 삭제하지는 않고, 판매 목적 외에 개인 포트폴리오 용도로 그대로 두고 활용하고 있어요. 나중에 알게 된 사실이지만 여러 플랫폼에서 저에게 입점을 제안하기 전, 기업 담당자분들이나 MD분들이 다들 한 번씩 제 스마트스토어를 들어가봤다고 하시더라고요. 드림캐처 디자인이 워낙 고급스럽고 특별하다고 느껴져 마음에 들어 연락했다고 하셨습니다.

아이디어스(idus)

제가 두 번째로 입점한 플랫폼이 바로 아이디어스입니다. PC와 모바일 애플리케이션 모두 이용 가능하고 핸드메이드로 만든 제품만 모여 있는 플랫폼이에요. 11번가, 쿠팡 등의 오픈마켓들은 판매하는 상품들이 굉장히 다양하고 가격, 성능 등 가성비가 우선적으로 평가되고 있어요. 그러나 아이디어스는 수공예품 마켓으로 공산품들은 입점할 수가 없기 때문에 가격 경쟁력보다는 작가의 개성이 더욱 중요시되는 플랫폼입니다. 핸드메이드 제품의 경우 공산품과 비교하면 가격에서 밀리는 경우가 많은데, 10만 원 이상 고가의 드림캐처도 종종 판매되는 것을 보면 아이디어스를 찾는 소비자분들은 가격보다는 작품의 디자인이 얼마나 특별한지를 더 보시는 것 같다고 느껴졌어요.

친구나 지인의 생일, 기념일, 집들이 선물 등을 위해 시중에서 흔히 볼 수 있는 제품들보다는 조금 더 이색적인 선물을 하고 싶은 분들이 많이 찾는 플랫폼입니다. 원데이클래스 수강생 모집도 가능합니다.

데이트팝

매번 새로운 데이트 코스를 찾는 20~30대 커플들을 위한 모바일 애플리케이션입니다. 서울 및 수도권 지역의 테마별 데이트 코스를 추천해주고, 비 오는 날 데이트나 힐링 데이트 등 다양한 콘셉트들이 있어 원하는 느낌의 데이트 정보를 쉽게 찾을 수 있는 플랫폼입니다. 맛집, 카페, 놀거리(VR, 클래스, 마사지) 등 즐겁게 데이트할 수 있는 정보가 많고, 클래스 할인 티켓을 판매하기 때문에 실제로 20~30대 커플들이 자주 사용해요. 데이트팝에서 저는 커플 드림캐처 원데이클래스 티켓을 판매하고 있습니다.

놀이의발견

타깃층이 성인이 아닌 아동이라는 점이 특징인 모바일 애플리케이션입니다. 다양한 콘셉트의 키즈카페, 테마파크, 공방 등 아이들이 재미있고 흥미 있어 할 만한 놀이를 한꺼번에 모아놓은 플랫폼이에요. 놀이의발견에서 저는 아동 대상 원데이클래스 티켓과 아이들이 집에서 쉽고 재미있게 만들 수 있는 드림캐처 DIY 키트를 판매하고 있습니다.

탈잉

실무·취업·자기계발부터 요리·공예·취미까지 유용한 콘텐츠 강의가 많이 모여 있는 플랫폼이에요. 대학생과 직장인은 물론, 자기계발을 원하는 분들이 자주 찾는 교육 목적의 사이트죠. 저도 '핸드메이드로 돈 벌자! 투잡에서 공방까지'라는 주제로 VOD 강의도 촬영했고, 이렇게 책까지 쓰게 되었습니다. 라이프스타일과 관련한 클래스도 많아지고 있어, 공방 창업 강의 외에 드림캐처 원데이클래스 티켓도 판매하고 있습니다.

프립

트레킹, 캠핑, 공예, 드로잉 등 다양한 문화 체험을 매개해주는 온라인 플랫폼입니다. 인원을 모집해 저렴한 비용으로 함께 여행 갈 사람들을 모집하거나 승마, 요가, 꽃꽂이 등 재미있는 취미 활동 클래스가 많이 있어요. 프립에서는 드림캐처 원데이클래스 티켓과 DIY 키트를 판매하고 있습니다.

텐바이텐(10x10)

제가 입점한 곳은 아니지만 독자분들께 추천드리는 플랫폼입니다. 아기자기한 소품을 좋아하는 10~20대 여성들을 타깃으로 합니다. 감성적인 디자인 소품, 아이디어 상품, 독특한 인테리어 소품들을 판매하고 있으며 작고 귀여운 콘셉트의 디자인 제품이 많기 때문에 핸드메이드 제품들과도 정말 잘 어울리는 플랫폼이라고 생각되는 곳이에요.

오늘의집

이곳 역시 제가 입점하지는 않았지만 추천드리는 플랫폼입니다. 코로나의 영향으로 집에 머무르는 시간이 점점 더 많아지면서 집 꾸미기에 열풍이 불고 있는 것 같아요. 셀프 인테리어나 집 꾸미기 팁들을 공유하고 있으며, 집에 어울리는 가구나 아기자기한 소품도 많이 판매하는 곳입니다. 꽃, 캔들, 행잉 플랜트 등 집에 어울리는 소품들을 판매할 경우 유용한 판매처가 될 것 같아요.

이번에는 제가 실제로 입점해 있는 플랫폼들과 독자분들께 추천하고 싶은 플랫폼들을 정리해서 소개했는데요. 내 아이템은 어느 곳에서 판매하는 것이 좋을지 조금 감이 오셨을까요? 자신의 아이템과 잘 맞는 플랫폼을 찾는 일이 여간 어려운 일이 아니지만, 딱 맞는 플랫폼을 찾기만 한다면 손쉽게 안정적인 수익 활동을 이어갈 수 있기 때문에 플랫폼 찾기는 굉장히 중요하고 지속적인 노력이 필요한 부분입니다. 자신의 역량에 제한선을 두지 말고 여러 생각과 시도를 거쳐 판매의 길을 열어보길 바랍니다.

창업 시 꼭 필요한 신고 절차는?
상표명 짓기부터 통신판매업 신고증 발급까지!

"그래서, 이제 어디서부터 어떻게 시작해야 하나요?"

많은 정보를 알려드렸지만 여전히 무엇부터 시작해야 하는지 막막할 분들이 있을 것 같아요. 그런 독자분들을 위해 이번에는 공방 창업 시 꼭 해야 하는 절차들만 간추려 소개해보겠습니다.

◆

첫 번째, 공방 이름 짓기

사람이 태어나면 가장 먼저 이름을 짓듯 공방도 제일 먼저 상호를 지어야 합니다. 만들고 있는 아이템이나 공방의 콘셉트, 타깃층 등을 종합적으로 고려해 감성적으로 잘 표현해보세요. 경우에 따라 공방의 느낌과는 전혀 다르게 이름을 짓기도 하는데요, 브랜드 스토리가 있다면 그 어떤 것도 괜찮다고 생각합니다.

상호를 짓는 것까지는 수월하게 하지만 많은 분들이 놓치는 부분이 있어요. 바로 '상표 등록 조회' 부분인데요. 특허정보검색서비스(www.kipris.or.kr) 홈페이지에서 내가 사용하고 싶은 상호가 상표로 등록되어 있는지 확인하는 절차가 꼭 필요합니다. '공방 이름 하나 짓는데 상표 등록까지 조회해야 하나요?' 생각하는 분들도 있겠지만 상표도 엄연히 하나의 특허로서 권리를 보장받습니다.

간단히 저의 예를 들어보겠습니다. 제가 운영하고 있는 드림캐처 공방의 이름은 〈조슬린의 우아한 공방〉입니다. 공방을 시작한 지 2년이 지나니 계속해서 이 상호로 사업을 진행해도 되겠다는 결심이 섰고, 상표 등록을 해야겠다고 마음먹게 되었어요. 이때 가장 먼저 했던 일은 특허정보검색서비스 홈페이지에서 공방 이름을 세부 단어별로 나눠 검색하는 일이었습니다. '조슬린'이라는 고유명사와 '우아한 공방'을 검색해본 것이죠.

특허정보검색서비스에서는 '조슬린'과 '우아한 공방' 두 가지 모두 지정상품 14류(귀걸이, 장신구 등)로 상표 등록이 되어 있었어요. 따라서 특허법률사무소에 '조슬린의 우아한 공방'으로 상표 등록이 가능한지 문의드렸습니다. 결론적으로 상호가 다르고 지정상품도 다르니 이 상호를 사용해도 된다는 답변을 받

× 〈조슬린의 우아한 공방〉 상표 등록이 가능했던 이유

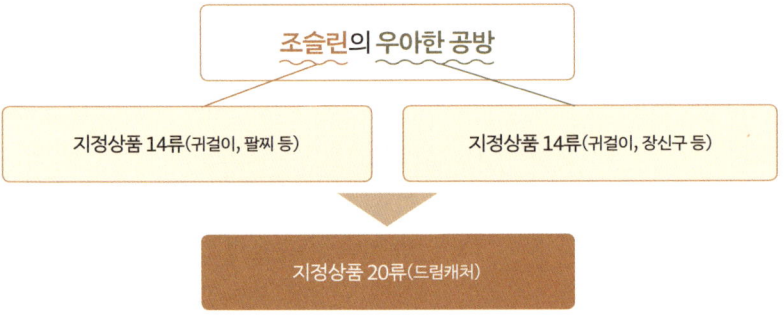

게 되었지요. 변리사님의 명쾌한 답변을 듣기 전까지는 '그동안 내가 열심히 키워왔던 공방의 이름을 변경해야 하나?' '나의 이력들은 어떻게 되는 거지?' '고객들에게 혼선이 생기지는 않을까?' 하고 걱정이 많았습니다. 지금은 상표 등록을 모두 마친 상태라 더 이상 공방 이름을 뺏길 위험이 없으니 마음이 편안합니다.

　상표 등록은 공방 창업자뿐만 아니라 일반 사업자들도 잘 모르는 경우가 많습니다. 상표 조회를 하지 않고 공방 이름을 지을 경우 나중에 이름을 변경해야 하는 일도 발생하고, 상표 등록을 하지 않는다면 자신보다 먼저 동일한 상호로 상표 등록을 한 업체에게 가게 이름을 빼앗기는 경우도 발생합니다. 여러분도 혹시 모를 불상사에 대비해 공방 이름을 짓기 전 반드시 특허정보검색서비스를 이용하길 바랍니다.

　참고로 셀프로 상표를 등록할 경우 '특허로(www.patent.go.kr)' 사이트에 접속해 상표 출원 및 등록 절차를 진행할 수 있습니다. 이 방법은 유튜브에 검색해 영상들을 참고해보세요. 혼자서 진행하기 어렵다면 특허법률사무소에 일정 수수료를 부담하고 상표 등록 대행을 맡기는 것을 추천드립니다.

◆

두 번째, 상가 계약 및 인테리어

공방의 이름이 정해졌다면 개인 상황에 맞춰 쉐어공방, 개인공방 등 원하는 유형으로 상가를 계약하세요. 그리고 본격적으로 인테리어를 시작합니다.

　홈공방의 경우 거주 공간과 작업 공간을 분리할 수 있도록 가벽이나 높은 수납장을 활용할 수 있어요. 개인의 작업 공간만 준비해주세요. 쉐어공방에 입주할 경우 대부분 인테리어가 잘 되어 있어서 크게 준비할 부분은 없습니다. 배경지나 작은 소품을 활용해 포토존 정도만 준비해두면 됩니다. 개인공방에 입주하는 분들은 하나부터 열까지 인테리어를 해야 하는데요. 크게는 바닥과 벽,

조명을 신경 쓰되 테이블과 의자, 수납장 등 클래스나 제품 판매에 필요한 가구도 신경 써서 구입해야 합니다. 공방 유형에 대한 자세한 사항은 앞서 설명한 '홈공방으로 시작해볼까?' '쉐어공방으로 시작해볼까?' '개인공방으로 시작해볼까?' 글을 참고해주세요.

◆

세 번째, 사업자등록증 발급

공방 이름도 지었고 상가 계약까지 완료했다면 사업자등록증을 발급받는 단계입니다. 신분증과 임대차계약서를 지참하고 관할 세무서에 방문하세요. 3일 이내에 사업자등록증을 발급받을 수 있습니다. 홈공방으로 운영한다면 집 주소로 사업자등록이 가능한 경우도 있으니 확인해보세요.

==사업자는 크게 간이사업자와 일반사업자로 나뉘는데요. 연 매출이 8천만 원 이하라면 간이사업자, 8천만 원 이상이라면 일반사업자로 등록하게 됩니다. 매출 외에 이 둘의 가장 큰 차이점은 바로 세금계산서 발급 유무입니다.== 일반사업자의 경우 세금계산서 발급이 가능하나, 간이사업자의 경우 세금계산서 발급이 불가합니다. 주요 거래처가 개인이 아닌 기업이나 학교라면 세금계산서 발급을 요청받을 때가 많아요. 다행히 연 매출이 8천만 원 이하이나 기업과의 거래가 많을 경우 매출액과 상관없이 일반사업자 등록이 가능합니다.

개인의 상황에 따라 다르겠지만 일반적으로 '업태'는 소매, 서비스 '종목'은 전자상거래업, 핸드메이드 공방으로 등록하면 됩니다.

◆

네 번째, 기업 계좌 개설

신분증과 사업자등록증을 지참해 은행에 방문하면 기업 계좌를 개설할 수 있습니다. '조슬린'이라는 이름으로 개인 계좌를 소유하고 있었다면 '조슬린의 우아한 공방'이라는 기업 이름으로 계좌를 개설할 수 있게 되는 것이죠. 혼자서 공방을 운영한다 할지라도 개인 계좌와 공방의 수입 및 지출을 관리하는 계좌는 구분해 정리하는 것을 추천드립니다.

◆

다섯 번째, 통신판매업 신고증 발급

광고물, 전기 통신 매체 등을 통해 소비자와 직접적인 상거래가 이루어지는 경우 발급받아야 하는 증서입니다. 즉 온라인을 통한 상품 판매를 위해 사업자등록증과는 별도로 반드시 발급받아야 하는 신고서입니다. 처음 발급 후, 등록면허세 명목으로 매년 4~5만 원 정도의 비용이 발생합니다. 온라인으로 신청할 경우 '정부24(www.gov.kr)'에서 등록이 가능하며, 오프라인으로 신청할 경우 사업자등록증과 구매안전서비스 이용 확인증(네이버 스마트스토어에서 발급), 신분증을 지참해 세무서에 방문하세요.

조슬린's Tip

네이버 스마트스토어 '개인 판매자 → 사업자'로 계정 전환 방법

앞서 말한 절차를 모두 완료했다면 네이버 스마트스토어 계정을 개인 판매자에서 사업자로 전환할 수 있습니다. 사업자등록증, 기업 계좌 통장 사본, 구매안전서비스 이용 확인증, 사업자 대표 인감증명서, 통신판매업 신고증 등을 제출하면 가능합니다. 공방 초창기에는 사업자등록증 발급 없이도 네이버 스마트스토어를 오픈할 수 있지만 직전년도 매출액이 4,800만 원 이상 이거나, 당해 연도 1월부터 누적 결제금액 총액이 4,400만 원 이상인 개인 판매자는 사업자등록 대상이니 유의해주세요.

어떻게 운영해야 할까?

공방 운영 방법 3-Step 및 공방의 일주일 살펴보기

예쁜 재료와 행복한 일들로 가득한 공방. 같은 일을 반복하기보다 늘 새로운 것을 디자인하고, 만들고, 다양한 사람을 만나는데요. 사실 공방 일에도 나름대로의 질서와 매일 해야 하는 일이 존재합니다. 실제로 제가 제품을 만들기 위해 공방에서 어떤 일들을 하고 있고 또 해야 하는지, 독자분들께 저의 공방 운영 노하우와 공방의 일주일을 소개해드릴게요.

◆

공방 운영법을 만든 이유

처음에는 저도 체계적인 공방 운영 방법이 없었습니다. 보통 주위 다른 공방을 살펴보면 주요 수입원이 클래스 운영이나 판매였는데요, 신기하게도 저는 공방을 시작하자마자 브랜드 콜라보나 기업 행사 요청이 많았습니다. 행사들은

프로젝트 형식으로 진행되었는데, 당시의 저는 행사가 시작되면 짧게는 일주일부터 길게는 6주까지 대부분의 시간을 프로젝트에 집중하고, 나머지 시간에는 공방 운영에 꼭 필요한 일들만 조금씩 하던 상태였죠. 프로젝트를 통해 단기간 열정적으로 나를 불태우다가, 다시 고요하고 평범한 일상으로 돌아오는 식이었습니다.

공방이 안정적으로 자리를 잡아가지 못하던 시기에 큰 프로젝트가 끝나고 나면 막막함을 많이 느꼈습니다. 방금까지 업무에 몰입해서 일을 했는데도 불구하고 '더 이상 기업 행사도 없고 딱히 중요하게 신경 써야 할 일이 없는데, 이제 무슨 일을 해야 하지?' 하는 생각이 가장 많이 들었습니다. 이때 막연한 불안감을 해소하고자 인기 공방들을 찾아다녔어요. 이곳들은 어떤 업무를 하고 있는지 살펴보며 인기 공방들의 운영 방식을 벤치마킹하기 시작했습니다.

◆

공방 운영 방법 3-Step

그렇게 벤치마킹한 운영 방법들을 저만의 스타일로 만든 것이 지금 소개해드릴 '공방 운영 방법 3-Step'이에요. 제품과 클래스를 기획하고 홍보 및 마케팅하는 1단계, 클래스 운영과 판매 등 적극적으로 수익 활동을 하는 2단계, 수익 활동으로 소진된 재고를 파악하고, 구매하고, 회계 처리를 하는 3단계로 나누어집니다. 꼭 해야 하는 이 3-Step의 주요 업무들을 일주일 스케줄표에 녹여서 소화해내고 있습니다.

✕ **공방 운영 방법 3-Step**

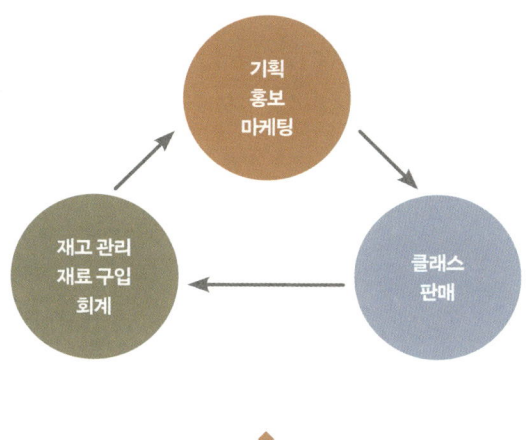

◆

운영 초기 - 공방의 일주일

다음의 도표는 공방 운영 1년 차일 당시 저의 스케줄표입니다. 다소 심플해 보이지만 1년 반 동안은 정말 정신없이 달렸던 것 같아요. 아직 자리가 안정적으로 잡히지 않았던 터라 오랜 기간 쉬는 것이 불안했고, 일주일에 단 하루 월요일을 휴무일로 지정해뒀지만 이날도 마음 편히 쉬지 못해 자료를 찾아보고 공부했던 것 같습니다. 나중에 다이어리를 살펴보니 하루에 평균 15시간을 일하거나 공부했더라고요.

보통 주말 클래스가 많으니 저에게 가장 휴식이 필요한 날은 월요일이어서 이날을 휴무일로 정했어요. 주말과 휴무일인 월요일에 들어온 주문은 화요일에 제품을 만들어 발송했습니다. 동시에 주말 클래스와 제품 판매로 사용한 재료들을 파악해 관리하고, 주문하고, 장부를 정리했어요. 모두 같은 날에 일사천리로 진행했습니다.

사업 초창기에는 여러 제품을 만들며 저만의 콘셉트를 잡고 기술을 익히는 것이 중요했기 때문에 수요일과 목요일에는 제품을 기획하고 샘플 제작에

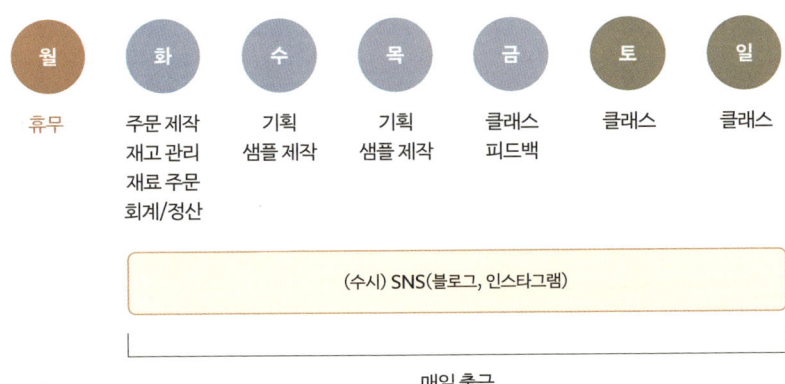

많은 시간을 보냈습니다. 금요일 저녁부터 주말까지는 커플 공방 데이트 클래스나 개인 취미 활동 클래스를 정말 많이 진행했어요. 드림캐처라는 아이템이 워낙 시장에 알려져 있지 않는 블루오션이었기도 하고 공방 인지도도 낮으니, 퇴근하고 집에 돌아오면 거의 매일 블로그와 인스타그램을 하며 저를 알리는 데에도 힘썼습니다.

◆

현재 - 공방의 일주일

1년이 지나고 나니 공방 스케줄표가 전보다 훨씬 더 여유로워졌습니다. 사업 초창기에 집중했던 제품 기획과 샘플 작업이 확연히 줄어들었고, 하루에 한 가지 업무를 몰아서 하는 등 선택과 집중의 결과가 보였습니다. 여전히 월요일은 휴무일로 정해두었고, 일요일은 유동적으로 쉬고 있습니다. 이제는 평균 주 5일을 근무하고 있는데 그중에서 가장 큰 특징을 꼽자면 근무하는 5일 중 3일은 출근하고 2일은 재택 근무가 가능하다는 점입니다. 물론 일정은 변동 가능성이 있고, 재택 근무를 더 많이 하는 날도 적게 하는 날도 있습니다.

공방에 출근해서 주로 하는 일은 유튜브 영상 촬영 및 편집, 클래스 준비, 주문 제작과 샘플 제작, 재고 관리 등 공방에서 꼭 처리해야 하는 업무들이며, 집에서는 SNS 및 홈페이지 관리, 기업 상담, 기업 서류 작성, 아이디어 기획 등 주로 사무적인 업무를 합니다.

인기 상품이 점점 생겨나기 시작하면서는 주문이 들어오면 그때그때 제품을 제작하지 않고 일주일에 하루나 이틀 날짜를 정해 인기 제품을 미리 제작하고 있어요. 하루에 여러 일을 나눠 하는 것보다 해야 하는 업무를 한두 가지만 선택하고 깊이 있게 집중하니 업무 효율성이 크게 늘어났습니다. 효율적인 스케줄 관리 덕분에 정신없이 바빴던 사업 초창기와는 달리 삶이 점점 더 여유로워지고 있습니다.

× 현재 - 공방의 일주일

직장인 - 공방의 일주일

"튜터님, 저는 직장인인데 투잡으로 공방을 운영하고 싶습니다. 어떤 방식으로 공방을 운영하는 것이 좋을까요?" 이 책의 독자분들 중 이러한 고민을 하고 있는 분이 있을지도 모르겠어요.

　공방을 투잡으로 운영하고 있으니, 많은 업무에 지치지 않도록 하루 정도는 온전한 휴무일로 정해줍니다. 직장도 공방도 잠시 내려놓는 시간이지요. 퇴근 후 매일 공방으로 출근하는 것이 얼마나 힘든 일인지 압니다. 시간과 체력 소모가 어마어마하죠. 이럴 경우 토요일을 포함해 주 4일은 출근하고, 주 2일은 집에서 휴식을 취하며 재택 근무를 하는 것을 추천드립니다. 홍보나 마케팅 업무는 집에서 간단히 할 수 있으니까요. 사업 초창기에는 제품 기획과 샘플 제작 작업에 힘쓰고, 점점 다른 업무로 확장해나가는 방향을 추천드립니다.

× 직장인 - 공방의 일주일

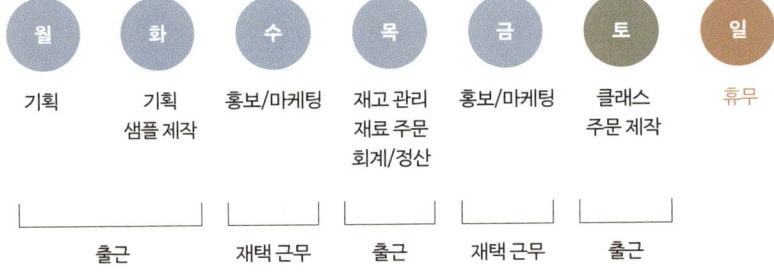

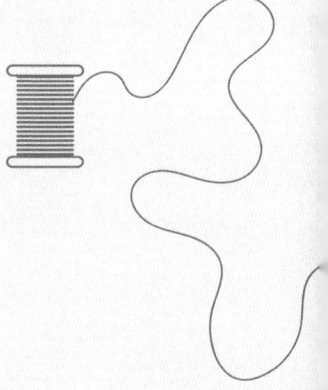

××××××× **MISSION 3** ×××××××

나만의 공방 일주일 스케줄표 작성하기

독자분들께 오랜만에 미션을 드리겠습니다. 예상하셨겠지만 나만의 공방 일주일 스케줄표를 작성하는 것이에요. 제가 직전에 설명해드린 공방 운영 3-Step과 샘플로 보여드렸던 저의 일주일 스케줄표를 바탕으로 현재 여러분들의 상황에 맞게 작성해보세요.

'시작이 반이다!'라는 말이 있습니다. 일단 스케줄표를 작성하기 시작했다면 어느덧 무엇인가를 하고 있는 나를 발견할 수 있을 거예요.

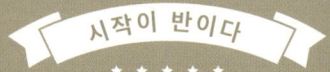

| 월 | 화 | 수 | 목 | 금 | 토 | 일 |

3장

클래스와 제품 판매, 브랜딩을 시작합니다

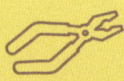

사람들이 찾아오는 클래스란?
사례로 보는 클래스 기획 3단계

독자분들은 공방 운영 3-Step 중 어떤 부분이 가장 어렵고 중요하다고 생각하시나요? 저는 단언컨대 기획과 홍보라고 자신 있게 말씀드릴 수 있어요. 제품을 만드는 기술력과 클래스를 편안하게 이끌어가는 능력은 사실 공방을 시작하는 분들이라면 기본적으로 잘하실 거라 생각해요. 미숙하더라도 하다 보면 자연히 느는 부분이기도 하고요. 그러나 기획과 홍보는 아이디어의 영역이기에 조금 다른 노력이 필요합니다. 사람의 마음을 사는 기획, 지금부터 상세하게 설명해드릴게요.

기획은 크게 3단계로 진행됩니다. 사례와 함께 살펴볼게요.

1단계: 타깃층, 이벤트 설정(연령, 성별, 취향 등)
2단계: 피드백(실제 사용 후기 및 클래스 방문 고객님들의 의견 수렴)
3단계: 업그레이드 기획(피드백을 바탕으로 제품 및 클래스를 보완)

수강생으로부터 아이디어를 얻은 클래스 기획

실제 저의 클래스 기획 사례를 간략히 소개하겠습니다. 제 공방은 젊은 청춘이 많은 홍대에 위치해 있다 보니 저는 20~30대의 아기자기한 소품을 좋아하는 여성들을 타깃층으로 잡아 드림캐처 클래스를 기획했습니다.

초창기에는 클래스 경험이 많이 없고 미숙하다 보니 현재보다 70~80% 정도로 가격을 낮춰 수업을 진행했어요. 여러 디자인 중 마음에 드는 디자인을 선택해, 그 디자인과 똑같이 드림캐처를 따라 만드는 클래스였습니다. 그런데 클래스를 하면서 여러 요청 사항이 있었어요. 수강생들이 제가 만든 디자인을 똑같이 따라 만드는 것보다 좀 더 다양한 재료를 활용해 자신만의 개성을 살린 드림캐처를 만들고 싶어 한 것이었죠. 그때부터 수강생들이 좋아할 만한 재료들을 공방에 조금씩 채워두다 보니, 어느덧 '나만의 드림캐처 만들기' 클래스를 오픈하게 되었습니다.

저는 수강생들의 니즈에 맞추어 끈부터 깃털, 구슬까지 정말 다양한 색상의 재료를 준비했습니다. 원하는 색상을 직접 골라 드림캐처를 만들 수 있게 한 것이지요. 워낙 재료가 다양하다 보니 경우의 수를 내보면 무려 100만 가지가 넘는 조합으로 드림캐처를 만들 수 있었습니다. 공방을 운영한 지 4년이 지났지만 지금까지도 수강생분들이 똑같은 드림캐처를 만든 것은 단 한 번도 본 적이 없습니다. 의도한 경우를 제외하고요. 결국 세상에 단 하나밖에 없는 드림캐처를 제작할 수 있었기에 제 클래스는 수강생분들에게 굉장히 높은 만족도를 얻을 수 있었고, 그렇게 제 공방의 드림캐처는 SNS에서 '레어템'으로 등극하기 시작했습니다.

'나만의 드림캐처 만들기' 클래스

◆

평소 관심 있던 아이템이 아이디어가 된 클래스 기획

캔들 공방 〈그녀의하루〉 사장님의 사례를 소개해드릴게요. 이곳은 향기와 만드는 것을 좋아하는 20~30대 직장인 여성을 타깃으로 잡아 캔들 클래스를 시작했어요. 집이나 공방에서 무언가를 만들어본 사람들은 공감하겠지만 내 손으로 무언가를 만든다는 것은 스스로에게 굉장히 뿌듯하고 자랑스러운 경험을 안깁니다. 작품의 퀄리티가 높다면 더 말할 나위 없겠죠. 이때 캔들 클래스 자체에 만족감을 느낀 수강생분들이 내가 만든 캔들을 예쁘게 담아 보관할 수 있는 별도의 트레이가 있는지 문의를 많이 주셨다고 해요. 집에서 캔들을 좀 더 안전하게 보관하고 분위기 있게 캔들을 태우고 싶었던 것이죠. 사장님께서는 고민하다가 평소에 관심 있던 웜아트(천연펄프점토)라는 아이템을 떠올렸고, 웜아트 캔들 트레이 클래스를 오픈했어요. 정확히 말하자면 '캔들 원데이클래스'에서 '캔들+트레이 투데이클래스'로 수업을 변경한 것이죠.

캔들과 캔들 트레이를 아이템으로 한 투데이클래스
자료: 〈그녀의하루〉 인스타그램

공방을 운영하는 분들은 아마 알 겁니다. 원데이클래스와 투데이클래스의 차이점을요. 새로운 것을 좋아하지만 지긋이 앉아서 몇 달 동안 무언가를 꾸준히 배우려는 사람들보다 매주 다른 것을 찾아 경험해보려는, 가볍게 취미를 즐기려는 분이 더 많습니다. 대부분의 공방에서 전문가용 클래스나 취미 클래스보다 원데이클래스의 인기가 더 많은 이유이기도 하죠. 그런데 이 클래스를 기획한 후에는 클래스가 하루에 끝나는 것이 아니라 수강생이 한 번 더 공방에 방문하게 되면서 매출이 2배가 되었다고 해요. 원데이클래스에 취미 및 전문가용 클래스도 함께 운영한다면 공방이 좀 더 탄력성을 갖게 됩니다.

앞서 1장에서 저는 플리마켓의 가장 좋은 점으로 '현장에서 즉각적으로 고객들의 피드백을 받을 수 있다'는 점을 꼽았었는데요, 클래스도 수강생분들의 피드백을 가장 가까이에서 현장감 있게 받을 수 있는 방법 중 하나예요. 불특정 다수라 생각할 수 있지만 공방을 찾아 방문할 만큼 해당 아이템에 관심이 있고 만드는 것을 좋아하는 분들이잖아요. 수강생들이 원하는 것을 모두 다 반영할 수는 없지만 어떤 것까지 수용할 수 있는지, 무엇을 업그레이드하면 좋을지를 제3자의 입장에서 객관적으로 바라보는 연습도 필요합니다. 물론 워낙 다양한 수강생이 방문하기 때문에 모든 것을 고객의 기준에 맞출 수는 없어요. '공방의 콘셉트와 가격대가 무너지지 않게, 그렇지만 조금 더 특별하게'가 핵심입니다.

사람들이 구매하는 제품이란?
사례로 보는 판매 제품 기획

저의 경우 클래스에서 만들 제품과 따로 판매하는 제품을 다르게 기획하고 있습니다. 클래스는 대중적인 재료로 난이도가 쉽지만 예쁘게 만들 수 있도록 디자인하는 반면, 판매를 위한 제품은 난이도가 높더라도 최대한 예쁘고 시중에서 흔히 접할 수 없는 재료들을 넣어 만듭니다. 클래스는 만드는 과정에서의 즐거움이 가장 중요하고, 판매 제품은 완성품의 매력도가 가장 중요하기 때문입니다. 저의 판매 기획 사례와 함께 쉽게 설명해보겠습니다.

◆
고객 문의에 내 경험이 더해진 제품 기획

저는 제품 판매를 위한 타깃층을 고급스럽고 반짝이는 아이템을 좋아하며 의미 있는 선물을 하고 싶어 하는 30~40대 직장인 여성으로 잡았습니다. 그다음 가격을 정하기 전에 먼저 드림캐처의 시장가격을 조사했어요. 몇천 원대부터 몇만 원대까지 가격이 정말 다양했는데, 대체적으로 저렴한 편이었습니다. 시중에서 판매되는 드림캐처는 보통 인도네시아나 필리핀 등 동남아시아에서 수입해 온 제품이 많은데 한국보다 재료비와 인건비가 많이 저렴하다 보니 완성품 가격도 차이가 좀 있는 편이었죠. 국내 핸드메이드 드림캐처는 어느 정도의 가격이 적절할지 많이 고민했습니다. 결국 제품 기획 시간, 재료비, 제작 시간, 차별성, 완성도 등을 종합적으로 고려해 소신 있게 가격을 책정했죠. 국내에 드림캐처 공방이 많이 없었기 때문에 참고할 만한 사례가 적었어요.

처음에는 판매가 잘 안 되는가 싶더니 하나둘씩 문의가 들어오기 시작했습니다. "이번 주 주말에 지인이 이사를 해서 집들이를 갈 예정인데 추천해주실 만한 드림캐처가 있나요?" "요즘 여자친구가 악몽을 너무 많이 꿔서 걱정이에요. 드림캐처를 선물해주고 싶은데, 잠을 잘 자도록 도와주는 디자인도 있나요?" 의미 있는 선물을 하고 싶다는 고객들의 선한 마음을 그냥 지나칠 수가 없어 며칠 동안 고민했습니다. 그러다 번쩍 아이디어가 떠올라 새롭게 제품을 기획하게 되었죠.

재물운 드림캐처

결혼한 친구의 집에 놀러 갔을 때, 해바라기 액자가 놓여 있던 것이 생각났습니다. 해바라기가 재물운을 상징해서 새집으로 이사를 가면 어르신들이 항상 해바라기 액자를 선물해주는 것이 관습이라고 하더라고요. 이때 재물운을 상징하는 드림캐처를 제작해야겠다 생각했고, 저는 해바라기보다 조금 더 세련된 느낌으로 제작하고 싶어 고민하다 링, 끈, 깃털까지 모두 100% 금색으로 만든 '재물운 드림캐처'를 기획했습니다. 가로 14cm로 비교적 크기가 큰 드림캐처였는데 인기가 정말 좋아서 제품 라인을 차량용 드림캐처로도 확대하게 되었어요.

꿀잠 드림캐처

　드림캐처를 만드는 저도 평소 잠을 푹 자는 것이 정말 중요하다고 생각합니다. 저 역시 잠을 1시간이라도 덜 자는 날에는 컨디션이 망가져 하루 종일 업무에 집중을 잘 못하는 경우도 있거든요. 잠에는 심리적인 요인이 많이 반영된다고 생각하는데, 생각이 많고 불안한 날에는 유독 잠들기가 어렵잖아요. 잠을 잘 오게 해주는 드림캐처는 어떤 드림캐처일까 고민했습니다. 그러다 평소 좋아하던 컬러 테라피에서 때마침 연보라색이 불안감을 감소해주고 마음을 편안하게 해준다고 하더라고요. 이거다 싶어 잠 못 드는 애인을 위한 '꿀잠 드림캐처'를 기획했습니다.

　재물운 드림캐처와 꿀잠 드림캐처는 현재 제 공방의 스테디셀러가 되었습니다. 특별한 날 선물이 필요할 때마다 고객님들께서 자주 찾아주시고 있어요.

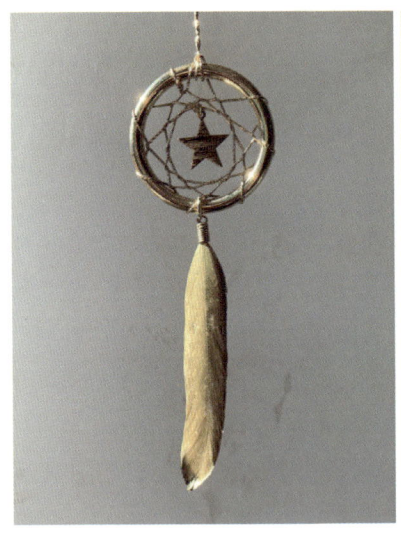
재물운 차량용 드림캐처

꿀잠 드림캐처

고객의 불편을 해결하거나, 확실한 이벤트를 설정한 제품 기획

디퓨저 공방 <하이애플>의 사례

이 공방은 향이 있는 제품을 선물하길 좋아하는 30대 직장인 여성이 타깃이었어요. 문제는 온라인 숍이 메인 판매처였는데, 고객들이 오프라인 매장에서 시향을 하지 못한 채 제품을 구매하려 하니 초창기에 문의 사항이 많았다고 합니다. 어떤 향인지 구체적으로 설명해달라는 피드백이 있었죠.

향은 감각적인 부분이라 글로 표현하기가 어려웠지만 향에 어울리는 이미지를 찾아 제품 상세페이지에 업로드하기 시작하니 답이 보였습니다. 라임 향에는 라임 사진을, 얼그레이 향에는 얼그레이 티 사진을 넣는 식으로 향을 즉각적으로 잘 표현할 수 있는 사진을 올리자 구매가 일어나면서 자연스레 리뷰도

Green forest 향을 시각적으로 표현해 게시한 제품 상세페이지

〈하이애플〉의 차량용 디퓨저 선물 패키지
자료: 〈하이애플〉 인스타그램

많이 쌓이기 시작했죠. 소비자들이 상세페이지와 리뷰를 두루 살펴보면서 온라인으로나마 향을 간접적으로 맡기 시작한 겁니다. 더불어 이 공방은 특히 선물 패키징을 굉장히 예쁘게 하고 있는데요. 패키징에 공을 들인 만큼 고객들이 센스 있는 핸드메이드 선물로 친구나 지인이 새 차를 구매했을 때 위 선물용 차량 디퓨저를 많이 찾아주셨다고 합니다.

페이퍼플라워 공방 〈한스블라썸〉의 사례

처음 이곳은 웨딩이나 브라이덜샤워를 준비 중인 20~30대 여성을 대상으로 제품 판매가 아닌, 클래스를 기획했어요. 스몰 웨딩이 열풍을 불기 시작하면서 고객들이 스스로 결혼식을 준비하다 보니 부케나 꽃, 팔찌 등 작은 아이템을 만드는 클래스가 인기를 끌었죠. 그러다 홍보용으로 블로그에 클래스 후

2021년 궁중문화축전에 전시된 〈한스블라썸〉의 LED 자이언트플라워
자료: 〈한스블라썸〉 인스타그램

기를 올리자, 작은 소품 외에 다른 제작 문의가 많이 들어오기 시작했다고 해요. 봉사활동 차원에서 고아원에 벽 장식을 의뢰하고 싶다는 분도 있었고, 스튜디오나 기관 등에서 기업을 대표하는 행사에 쓸 대형 장식품을 많이 의뢰했다고도 합니다. 그렇게 추후에는 광고 소품까지 만들게 되었다고 해요. 즉 스몰 웨딩이라는 이벤트를 구체적으로 설정해 클래스를 진행했더니 웨딩과 관련된 광고 소품과 그 외의 대형 장식품들까지 주문 제작으로 이어진 것이죠. 최근에는 위 사진에서처럼 각종 축제 소품까지 제작해 납품하고 있다고 합니다.

3장 — 클래스와 제품 판매, 브랜딩을 시작합니다

저는 클래스 기획과 판매 기획의 차이는 '초보자들도 쉽게 따라 만들 수 있는지'에 있다고 생각합니다. 초보자가 쉽게 따라 만들 수 있다면 클래스로 기획해볼 수 있는 것이고, 그렇지 않다면 완성품으로 만들어 판매하는 것이죠. 그러나 그 외에는 이 둘이 결국 서로 연결되어 있다고 생각합니다. 클래스를 경험하면서 핸드메이드 제품에 매력을 느낀 사람들이 더욱 특별한 제품을 구매하게 되고, 제품을 구매했는데 마음에 들어 다시 한번 클래스로 직접 만들어보고 싶다는 생각을 가지게 되듯이요. 클래스 경험이 구매 경험으로, 또는 그 반대로 순환되기 때문이죠.

다만 제품 판매에서는 작가인 나와 소비자들 사이에서 균형을 잘 맞추는 것이 중요하다고 생각합니다. 작가의 개성만을 너무 앞세우다 보면 시장에서 호응을 많이 얻지 못할 수도 있고, 반대로 소비자들의 의견을 너무 많이 반영하다 보면 작품의 색이 옅어지기 때문이죠. 나만의 색을 잃지 않으면서도 고객들의 작은 불편들을 외면하지 않고 필요 사항을 균형 있게 반영하다 보면 개성은 살리면서도 고객의 욕구까지 반영된 특별한 제품을 만들 수 있다고 생각합니다. 처음부터 모든 것을 완벽하게 기획할 수는 없습니다. 기획하고 의견을 수렴해 보완하는 작업을 지속적으로 하는 것이 가장 중요하다고 생각해요.

클래스 기획과 판매 기획은 어떻게 다를까?

같은 듯 다른 클래스 기획과 판매 기획

바로 앞선 글에서 클래스 기획과 판매 기획은 조금 다르지만 결국 하나로 통한다고 말씀드렸습니다. 그러나 이번에는 이 둘의 차이점에 대해 좀 더 얘기해보려 합니다. 각각의 기획에 따라 재료의 가격과 특성, 난이도 등을 종합적으로 고려해야 하는데요. 클래스 기획과 판매 기획이 어떻게 다를 수 있는지, 이번 글에서는 드림캐처가 아닌 플라워로 사례를 들어 설명하겠습니다.

◆

클래스 기획 - 난이도 설정이 핵심

원데이클래스는 무언가 새로운 것을 배우고 싶다는 마음으로 찾아오는 분이 많습니다. 그래서 난이도 설정이 굉장히 중요해요. 수강생들이 '집에서도 만들 수 있겠다'거나, '너무 어려워서 핸드메이드는 내 적성에 맞지 않나 보다.' 하는 생각이 들지 않도록 적정하게 난이도를 설정하는 요령이 필요합니다. 적당히 어려우면서도 기술을 살짝 익혀 제품을 예쁘게 완성할 수 있는 정도가 성취감도 들고 자신감도 생기는 적정한 난이도죠. 이 적당한 난이도를 찾는다면 낯선 곳을 찾아 공방까지 찾아오는 수강생분들께 만족감을 드릴 수 있습니다.

클래스는 보통 2~3시간 정도로 시간이 길게 걸리기 때문에 당일 예약보다 사전 예약을 받는 경우가 많습니다. 사전 예약을 받다 보니 클래스 인원을 미리 짐작할 수 있어서 신선한 재료를 알맞은 수량만큼 구입해 수업에 사용하는 것이 가능합니다.

또 한 타임에 일대일 수업을 하는 것보다 일대다 수업으로 진행하게 되면 시간당 클래스 수익이 배로 늘어납니다. 따라서 커플 데이트 코스 등으로 클래스를 홍보할 경우 더욱 높은 수익을 얻습니다. 생화처럼 신선한 재료를 이용한 '커플 플라워 원데이클래스'를 대표적인 예시로 들 수 있어요.

◆

판매 기획 - 사치품은 희소성이 관건

독자분들은 제품을 구매할 때 어떤 점을 가장 중요하게 생각하시나요? 저 역시 쇼핑은 좋아하지만 이런 고민을 해본 적은 많이 없었습니다. 다만 곰곰이 생각해보니, 여러 요소가 있겠지만 저는 가격과 성능, 디자인과 희소성이라는 이 네 가지 요소가 가장 중요하더라고요.

가격이 저렴하고 성능이 좋다면 '가성비'가 좋은 것이겠죠. 저는 가격과 성능은 주로 전자제품을 구입할 때 많이 보게 됩니다. 반면 옷이나 액세서리 등의 사치품은 가격도 중요하지만 그보다는 디자인과 희소성이 있느냐를 많이 보게 되더라고요. 예를 들어 스포츠웨어 브랜드 나이키의 경우 값이 비싸더라도 레깅스에 나의 이니셜이나 원하는 문구를 새길 수 있다는 점이 나를 특별하게 만들어주는 것 같아 좋았습니다.

이처럼 라탄 바구니나 수제 비누 등 아주 실용적인 제품이 아닌 이상, 사실 핸드메이드 제품은 대부분 사치품에 속한다고 생각합니다. 꼭 필요한 것은 아니지만 하나쯤 지니고 있으면 내가 특별한 존재로 느껴지게 해주는 물건인 셈이죠. 목걸이나 반지에 이니셜을 새기거나 휴대폰 케이스에 원하는 문구를 프린팅하는 것 등 사치품도 다양한 예시를 들 수 있겠지만 '탄생화로 만든 프리저브드 플라워 생일 선물'을 대표적인 예로 들 수 있겠습니다. 제품 판매는 그 특성상 고객들의 구매 시기를 예측할 수 없으니, 오랫동안 보관해도 상하지 않는 제품이어야 합니다. 그러면서도 고객들이 스스로에게 꼭 맞는 제품을 샀다거나 그러한 제품을 선물받았다는 특별한 느낌을 받게 할 수 있어야 하죠. 그런 의미에서 탄생화를 테마로 한 프리저브드 플라워 생일 선물은 장기 보관이 가능하면서도 구매자가 희소성을 느낄 수 있는 아이템이라고 볼 수 있습니다.

이번 글에서는 클래스 기획과 판매 기획 시 어떤 점을 우선적으로 고려해야 하고 어디에 차별화를 두어야 하는지 등을 플라워라는 아이템을 예시로 설명 드렸습니다. 독자분들이 선택한 아이템도 들어가는 재료에 따라 그 특성이 다를 것이라 생각되는데요. 클래스와 판매를 다르게 기획하고 싶다면 제가 설명해드린 예시를 참고해 좀 더 매력적인 기획을 꾸준히 구상해보시길 추천드립니다.

안정적인 클래스, 이렇게 운영합니다

신청부터 종료까지, 수업 진행법 A to Z

첫 수업이 예약되던 날을 기억합니다. 예약이 잡힌 걸 확인하자마자 매일 연습하고 고민했어요. '수업 시작은 어떻게 해야 할까?' '수강생분들이 가장 어려워하는 지점은 어디일까?' 그 뒤로 꾸준한 노력 덕분에 창업 4년 만에 2,200명이 넘는 수강생분들이 찾아와주셨지요. 첫 수업을 앞둔 사장님들께서 궁금해할 클래스 운영 노하우들을 이번 글에서 공유해보겠습니다.

◆

수업 신청 루트

수강생이 수업을 신청하는 것이 수업의 첫 단추가 되는 만큼 '어떻게 수업 신청을 받냐'는 질문을 많이 받습니다. 대부분은 제가 운영하고 있는 플랫폼을 통해서 받습니다. 예전에는 네이버 스마트스토어와 인스타그램으로 클래스 예약을 많이 받았는데요. 최근에는 네이버 예약을 통해서 수업 신청을 받고 있습니다. 예약이 들어오면 저에게 자동으로 문자를 보내주고, 수업 시작 전에는 예약자들에게 자동으로 리마인드 메시지를 보내주는 관리 시스템이 있어 매우 편리해요. 네이버 예약이나 블로그를 통한 문의는 네이버 내의 1:1 채팅 서비스 '네이버 톡톡'과도 연결되어 있어서 네이버 톡톡으로 수업 문의가 오기도 하고, '카카오플러스 친구'로 문의가 오기도 합니다.

고객분들이 지인 추천으로 수업을 신청하는 경우도 꽤 많습니다. 지난주에 방문했던 수강생이 자신이 만든 드림캐처를 친구들에게 자랑해서 그 친구들이 따라 수업을 들으러 오는 경우가 많습니다. 또 제가 입점해 있는 플랫폼(아이디어스, 프립, 탈잉, 놀이의발견 등)을 통해서도 수업 신청이나 문의가 들어옵니다. 보통 문의가 오면 예약 일시와 결제 방법, 수업 난이도에 대한 질문이 많아요.

◆

수업 신청 노하우

'클래스를 시작해봐야겠다!'라고 생각했을 때 제가 가장 먼저 했던 일은 다른 공방들은 어떻게 수업을 신청받아 진행하고 있는지 벤치마킹하는 일이었습니다. 이때 살펴보며 조금 놀란 지점이 있었는데요. 대부분의 공방이 수강생들이 원하는 날짜와 시간에 일정을 모두 맞춰준다는 점이었습니다. 수업을 하고 남는 시간에 주문 제작 상품을 만들거나, 수업이 없는 날을 휴무일로 정해서 그때그때 쉬는 구조였지요. 지금 생각하면 대부분의 핸드메이드 아이템이 레드오션 상태라 경쟁 공방이 많아서 그랬다고 느껴집니다. 수강생의 이탈을 막기 위한 선택이었겠죠.

저 역시 초창기에는 수강생의 일정에 모두 맞춰 수업을 진행했습니다. 하지만 그러다 보니 제가 업무에 온전히 집중할 수 있는 시간이 점점 줄어들더라

× 수업 신청 노하우

구분	다른 공방	조슬린의 우아한 공방
날짜	수강생이 원하는 날짜	수강생이 원하는 날짜(공방 휴무일 제외)
시간	수강생이 원하는 시간	주중(오후 4시), 주말/공휴일(오후 1시, 4시)
결제 방법	예약금 10% + 클래스 후 90%	100% 선 결제

고요. 도저히 이래서는 안 되겠다 싶어 수업이 많은 주말을 기준으로 수업 날짜를 정해두기 시작했습니다. 수업 날짜와 시간을 정해두니 1:1 또는 1:2로 프라이빗하게 진행되던 수업이 최대 6명까지 모집되며 충분한 인원으로 수업을 진행할 수 있었어요. 시간 대비 수익도 많이 증가했고, 시간 효율성이 좋아지면서 남는 시간에 다른 업무도 많이 처리할 수 있는 요령이 생겼습니다.

수업 비용 역시 보통은 예약금과 잔금, 총 2회에 걸쳐 받는 경우가 굉장히 많습니다. 수업 전에 10%의 예약금을 받고, 클래스가 끝난 후 90%의 잔금을 받는 형태인 것이죠. 저의 경우 클래스 비용을 두 번에 나누어 받는 것이 번거로워, 환불 규정을 명확히 한 대신 클래스 비용은 100% 선금 결제로 받고 있습니다.

◆

일정 변경 및 환불 규정

생각보다 정말 많은 분이 수업 날짜와 시간을 쉽게 변경하길 원해 늘 어려운 부분입니다. 예약하고 싶어도 자리가 없어서 수업을 못 듣는 분들도 있는 반면 수

× <조슬린의 우아한 공방> 일정 변경 및 환불 규정

수업 8일 전까지 취소 가능	수업 취소 시 환불 금액
(취소 수수료 없음)	- 8일 전 100% - 7일 전 90% - 6일 전 80% - 5일 전 70% - 4일 전 60% - 3일 전 50% - 2일 전 40% - 1일 전 30%

업 전일이나 당일에 갑자기 클래스를 취소하는 분들도 있죠. 이 경우 공석이 생기면서 난감한 상황이 발생합니다. 따라서 저는 클래스 환불 규정을 정말 구체적이고 명확하게 정했습니다.

저는 수업 8일 전까지 결제 금액에 대한 취소 수수료는 없음을 공지하고, 클래스 취소 시 환불 금액도 일자별로 다르게 설정했습니다. 환불 규정을 명확하게 기재해두니 클래스 취소율이나 날짜 변경을 요청하는 문의가 확연히 줄어들었습니다.

◆

자주 하는 질문

수강생들이 수업을 예약할 때 가장 자주 하는 질문들을 모아봤습니다.

언제 예약이 가능한가요?
클래스 금액은 얼마인가요?

초보자도 가능한가요?
예약은 어떤 방식으로 해야 하나요?
친구와 함께 가려고 하는데, 각자 다른 클래스를 신청해도 되나요?
주차 가능한가요?

    네이버 예약을 시스템을 이용하기 전, 네이버 스마트스토어나 인스타그램으로 예약을 받을 때 자주 받았던 질문들입니다. 보통 이렇게 공통된 질문들은 휴대폰 메모장에 'Q&A 폴더'를 만들어 응대하고 있습니다. 마치 로봇챗과 비슷한 개념으로요.

    참고로 네이버 예약 시스템은 수업이 가능한 날짜, 시간, 수업 비용을 공방 작가님들이 유동적으로 설정할 수 있습니다. 관리도 편한 데다 사용 이후 실제로 수업 신청자들의 질문이 확연히 줄어든 걸 체감할 수 있었어요. 여러분도 네이버 예약 서비스를 적극 활용해보시길 추천합니다.

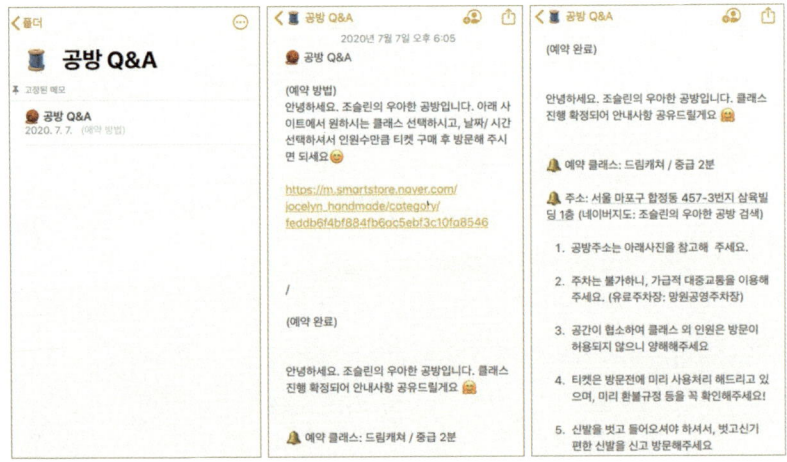

메모장에 미리 적어둔 '공방 Q&A'

◆

예약자 관리

네이버 스마트스토어, 인스타그램 등 여러 루트를 통해 예약을 받다 보니 예약자 확인이 어려운 경우가 있었습니다. 초창기에는 인원 확인을 잘못해서 공방에서 수업할 수 있는 최대 인원을 넘겨 수강생을 받은 경우도 몇 번 있었어요. 제가 하고 있는 드림캐처는 작업 특성상 수강생의 작품 하나하나를 세심하게 봐야 하는데, 기준 인원이 넘어갈 경우 수강생들의 만족도가 떨어지는 것을 체감할 수 있었습니다.

클래스 예약에 문제가 생기면서 저는 엑셀로 일별 클래스 예약 내역을 정리하기 시작했어요. 날짜와 요일, 시간, 방문 계기, 이름, 성별, 연락처, 예약 인원, 예약 루트까지 꼼꼼하게 정리했습니다. 그러자 클래스 시간별 최대 인원이 한 번에 정리되어 실수로라도 초과 인원을 받는 일이 없어졌어요. 또 수강생 개인

× 클래스 예약 내역 정리 예시

날짜	요일	시간	방문 계기	이름	성별	연락처	예약 인원	예약 루트
2022.04.23	토	1시	커플 데이트	OOO	남	O-O-O	2	블로그
2022.04.23	토	4시	친구랑 데이트	OOO	여	O-O-O	2	인스타그램
2022.04.23	토	4시	커플 데이트	OOO	여	O-O-O	2	탈잉
2022.04.24	일	1시	남자친구 선물	OOO	여	O-O-O	1	아이디어스

별로 방문 계기를 미리 확인해 그에 맞춰서 대화를 건네니 수업을 시작하며 즐거운 분위기도 이끌어갈 수 있었습니다.

◆

클래스 당일! 진행 노하우

수업 시간 설정

클래스를 열기 전, 먼저 무슨 요일 몇 시에 수업을 진행할지부터 설정해야겠죠. 내가 설정한 타깃층이 주로 활동하는 요일과 시간으로 정하면 좋습니다. 타깃층이 주부인 경우 아이들이 모두 등교한 시간을 활용해야 하니 평일 오전 11시나 오후 1시를 추천드립니다. 타깃층이 커플일 경우 주말 오후 1시나 4시로 설정하는 것이 좋습니다. 점심 이후, 저녁 식사 이전 시간이 공방 데이트를 하기에 부담스럽지 않은 시간이에요. 직장인을 타깃으로 할 경우 퇴근 후 저녁 7시나 주말이 좋습니다. 저의 경우 취미 탐색용으로 공방을 찾는 분들과 주말 데이트를 즐기는 사람들을 타깃층으로 잡았기 때문에 주중에는 오후 4시, 주말에도 오후 1시 및 4시를 수업 시작 시간으로 정해두었습니다.

주말처럼 수업이 연이어 있을 경우, 수업 중간에 1시간 정도의 여유 시간을 주는 것이 굉장히 중요합니다. 앞의 수업이 20~30분 정도 늦게 끝날 수도 있고, 다음 수업의 수강생들이 일찍 도착하는 경우도 빈번하게 생기기 때문이죠. 수업을 진행하는 강사에게는 이전 수업을 정리하고 다음 수업을 준비하는 시간, 재충전하는 시간이 되기도 해요.

수업 30분 전

드디어 클래스 당일입니다. 수업 30분 전에는 공방을 정리하고, 수업에 필요한 모든 재료를 준비합니다. 재료도 수강생이 사용할 것과 강사의 것을 별도로 구분해놓는 노하우도 필요합니다. 위험한 공구는 최대한 수강생들의 손에 닿지 않도록 지정된 위치에만 보관해야 합니다. 드림캐처의 경우 위험한 공구는 별도로 없지만 수강생들이 순간접착제를 사용하고 나서 테이블에 엎지르는 경우가 종종 발생해요. 따라서 제 경우 순간접착제는 저만 사용할 수 있도록 안전한 곳에 보관하고 있습니다.

수업이 종료되고 나서야 선물 상자를 접어서 만든 작품을 포장해드리는 경우가 종종 있어요. 패키징 작업도 은근 시간이 오래 걸리는 편이고 그만큼 수업도 분주해지기 때문에, 클래스 종료 후 필요한 포장재도 수업 전에 미리 준비해둡니다. 최대한 정해진 시간 내에 수업이 종료되는 것을 목표로 합니다.

수업 시작

처음 클래스를 진행할 때는 자연스럽게 수업을 시작하는 것이 매우 어려웠습니다. 뭐라고 이야기를 꺼내며 수업을 시작해야 할지 몰랐죠. 저의 경우 여러 브랜드와 콜라보로 진행했던 드림캐처들이 생기기 시작하면서 매끄럽게 수업을 시작하기가 쉬워졌습니다. 지금은 콜라보 작품들을 한곳에 걸어 전시해놓고 작품마다 만들게 된 배경 이야기를 설명하며 자연스럽게 공방을 소개합니다. 다음에 만들면 좋을 것 같은 다양한 클래스도 소개하고요. 공방 소개를 마친 후에는 제품을 만드는 방법을 직접 시범하면서 수업을 시작합니다.

아직 내놓을 만한 공방의 이력이 없다고 생각되는 분들도 걱정할 필요 없습니다. 직접 만든 작품들을 보여드리며 공방을 소개하면 되니까요. 가장 기본적인 소개 방법이며, 간단히 아래와 같은 시나리오로 이야기하면 됩니다.

"안녕하세요. OOO 공방에 방문해주셔서 감사합니다. 저는 오늘 약 O시간 동안 여러분들과 수업을 진행하게 될 공방장 OOO입니다. 먼저 수업을 시작하기에 앞서, 저희 공방에서 만든 다양한 샘플들을 보여드릴게요. 여러 작품 중 이번 수업에서는 OOO 디자인으로 작품을 만들 겁니다. 그럼 제가 먼저 시범을 보여드릴게요."

수업 진행

수업을 진행하면서도 여러 가지 노하우가 필요합니다. 수강생 중에는 공방을 여러 번 방문해본 분들도 있고, 처음인 분들도 있습니다. 개인별 숙련도가 다르기 때문에 제품을 만드는 속도도 많이 차이 나는 편이에요. 따라서 '나 혼자만 뒤처지지는 않을까?' 걱정하는 분들이 없도록 미숙한 분들 위주로 만드는 방법을 자세히 알려드립니다. 모두가 편안한 마음으로 수업에 참여했으면 해서요. 그렇다고 해서 수업 종료 시간을 많이 넘길 정도로 시간을 끌지는 않습니다. 각 단계별 시간을 확인하면서 '이 속도라면 이번 수업은 몇 시에 끝나겠다!' 마음속으로 대략적인 타이머를 장착하죠. 수업 종료 시간을 계획된 일정대로 맞추는 일은 수강생뿐만 아니라 강사의 다음 일정을 위해서도 중요한 일이라 생각합니다.

저는 수업 도중 수강생들에게 칭찬을 많이 하는 편입니다. 핸드메이드 작품을 만들다 보면 수강생 입장에서는 자기도 모르는 사이에 다른 수강생 작품과 내 작품을 비교하는 경우가 종종 있어요. 이때 작품의 색상이나 조합 등을 구체적으로 칭찬하면서 자신의 작품에 대한 애정과 자신감을 높이도록 하고 있습니다. 저는 핸드메이드는 만드는 사람의 심리가 반영되는 부분이라 생각해 예쁘고 안 예쁘고를 따지지 않는 편이에요.

수업 중간중간에 기억에 남을 만한 사진을 찍어드리는 것도 팁이라면 팁입니다. 수업이 마무리되면 수강생들은 자신이 만든 작품을 포토존에서 촬영하고, 강사는 작품들을 선물 상자에 포장해드리면서 자연스럽게 클래스가 종료됩니다. 클래스 도중 찍은 사진들은 수업이 끝나고 나서 수강생의 카톡으로 보내드려요. 집중하는 자신의 표정을 보고 웃으면서 즐거워하시더라고요. 그 사진들은 다음 날 수강생들의 카톡 프로필 사진이 되어 있기도 하고, 인스타그램 게시물로 올라오기도 합니다.

마지막으로 수강생들의 작품 사진을 제 인스타그램 계정에 업로드합니다. 신규 수강생들이 볼 때는 다양한 디자인을 참고할 수도 있고, 수업을 들었던 수강생들이 볼 때는 마치 자신의 소중한 시간과 경험이 예쁘게 보관되었다고 느끼기도 하는 것 같아요.

이번 글에서는 수업 신청 절차와 수강생이 자주 하는 질문, 수업 전후 노하우들까지 저의 경험을 하나하나 녹여내 이야기해봤습니다. 공방은 처음이라 수업을 어떻게 시작해야 하는지 막막했던 분들께는 클래스 가이드가 되었기를 바라고, 이미 수업을 진행하고 있는 사장님들께는 다른 공방은 어떻게 수업을 진행하고 있는지 참고할 만한 지표가 되었기를 바랍니다.

브랜딩이란 무엇일까?
깊이가 다른 공방 브랜딩을 위한 6가지 요소

독자분들은 '브랜딩'이라고 하면 어떤 것들이 떠오르시나요? 대부분 브랜딩을 '판매를 잘 하기 위한 로고 제작, 패키징' 등의 일차적인 마케팅 수단으로 알고 계시는 분이 많은데요. 저는 브랜딩이란 마케팅을 뛰어넘어 '고객에게 차별화된 인상을 심어주는 것'이라고 생각합니다.

브랜딩을 시작한다고 하면 보통 다른 공방의 사례를 많이들 찾아보는데요, 타 공방을 보다 보면 예쁜 로고와 솔깃한 문구가 많습니다. 그러나 그것들을 있는 그대로 가져다 내것으로 채우다 보면 뒤죽박죽 엉켜버릴 거예요. 각 공방마다 콘셉트와 풍기는 이미지가 다르기 때문이죠. 깊이가 다른 브랜딩을 하기 위해서는 모든 것이 바로 '내 이야기'에서 시작되어야 합니다. 브랜딩이 사람의 마음을 움직이고 강한 감동을 줄 수 있는 이유는 그것이 어떤 식으로 표현되든 창업자 자신의 이야기에서 시작되기 때문입니다. 그래야만 진솔함과 일관성을 유지할 수 있습니다. 짧지만 저의 사례를 소개하며 브랜딩에 대한 이야기를 해 보겠습니다.

공방 브랜딩에 필수적인 6가지 요소

공방 브랜딩을 설명할 때면 주로 '퍼스널 브랜딩'이라는 개념을 활용하곤 합니다. 퍼스널 브랜딩은 개인을 하나의 브랜드로 보고 개인의 매력, 가치관, 꿈, 재능 등을 다각적으로 분석해 차별적으로 브랜딩하는 것을 의미하죠. 공방을 운영하는 분들은 대부분 1인 기업가이기에 공방 브랜딩이 곧 개인을 대상으로 하는 퍼스널 브랜딩과 닿아 있습니다. 작가님들이 한 땀 한 땀 만드는 핸드메이드 작품 속에는 작가님들만의 색깔과 영감이 그대로 녹아 있기 때문입니다. 내가 좋아하는 것, 추구하는 것, 공방을 시작하게 된 계기 등 내 이야기로 시작했을 때 작가가 만든 작품의 느낌과 브랜딩이 일치하게 되죠. 다른 공방의 이름, 로고, 슬로건 등은 참고만 하시되 절대 따라 하지 마세요. 오직 나만의 이야기로 브랜딩 히스토리를 하나하나 채워나가세요.

공방 브랜딩을 하기 위해서 구체적으로 어떤 것들을 채워나가야 하는지 아래의 6가지로 설명하겠습니다.

1. **브랜드 네임:** 아이템, 콘셉트, 분위기, 가치관 등을 함축해서 이름으로 표현
2. **브랜드 스토리:** 브랜드가 탄생하게 된 배경(ex. 공방을 시작하게 된 이야기)
3. **콘셉트:** 추구하는 느낌(ex. 귀여움, 재기발랄, 성숙함, 고급스러움, 알록달록, 모던, 중후함)
4. **브랜드 컬러:** 공방 이미지를 색상으로 표현
5. **로고:** 브랜드 네임, 스토리, 콘셉트, 브랜드 컬러 등을 함축해 심벌로 디자인하거나 레터링해 시각적으로 표현
6. **슬로건:** 소비자들에게 전하고 싶거나, 공방이 추구하는 가치를 적은 짧은 어구

감이 오시나요? 깊이 있는 브랜딩을 위해서는 브랜드 네임부터 슬로건까지, 위 6가지 요소가 필수적이랍니다. 이번에는 위 6가지 요소에 해당하는 답을 <조슬린의 우아한 공방> 식으로 채워보겠습니다.

1. **브랜드 네임:** 조슬린의 우아한 공방
2. **브랜드 스토리:** 조슬린(Jocelyn)은 저의 영어 이름입니다. 공공기관 직원, 둘째 딸 등 사회적인 역할에서 벗어나 외국의 낯선 여행지에 나가 조슬린으로 불릴 때 가장 '나답다'고 느껴져 좋아했던 이름입니다. 퇴사 후 인생에서 단 한 번쯤은 내가 정말 좋아하는 일을 해보고 싶다는 간절한 마음을 담았어요. '우아한 공방'이라는 이름은 실은 본능적인 선택이었습니다. 회사에서 일할 때 내 모습이 우아함이나 고상함과는 거리가 멀다고 느껴졌거든요. 여유와 휴식, 즉 쉴 수 있는 시간과 공간이 너무 필요해 공방을 하면서는 나 자신을 잃지 말자는 결심으로 저에게 제일 소중한 공간에 가장 이상적인 이름을 부여했어요. 그렇게 '조슬린의 우아한 공방'으로 브랜드 이름을 정했습니다.
3. **콘셉트:** 금속, 유리, 보석, 다채로운, 어우러지는, 통통 튀는, 귀여운, 사랑스러운, 차분한
4. **브랜드 컬러:** 연보라, 화이트, 골드
5. **로고:** 드림캐처, 저녁, 달, 조슬린을 형상화
6. **슬로건:** 당신의 행복한 일상과 밤을 책임질, 당신만의 드림캐처

조슬린's 브랜딩 과정

제가 핸드메이드로 제작한 드림캐처의 분위기는 스펙트럼이 무한합니다. 노란색, 연두색, 파란색 등의 채도가 높은 컬러들도 있고, 연보라와 골드 등 은은한 컬러감을 가진 아이템도 있어요. 귀엽고 사랑스러운 디자인이 있는 반면 차분하고 고급스러운 디자인의 제품도 있죠. 다채로운 색감과 디자인들이 어느 것 하나 튀지 않고 하나로 어우러지는 것이 특징입니다.

솔직히 말해 창업 초창기에는 제가 원하는 느낌의 드림캐처를 만들었을 뿐, 명확한 콘셉트를 잡지는 못했어요. 그러나 꾸준히 제품을 제작하다 보니 드림캐처 디자인에서 공통점을 발견할 수 있었고, 이를 콘셉트화할 수 있었던 것이죠. 일부러, 작위적으로 콘셉을 잡으려고 노력한 것이 아니었어요. 만들고 싶은 디자인을 다양하게 구사하고 여러 느낌을 표현해보려고 노력하는 과정에서 저 자신의 정체성이 자연스럽게 제품들에 녹아들었고, 그것이 쌓이고 쌓여 드림캐처를 통해 나타난 이미지와 느낌들이 제자리를 잡은 것이었습니다. 저도 모르

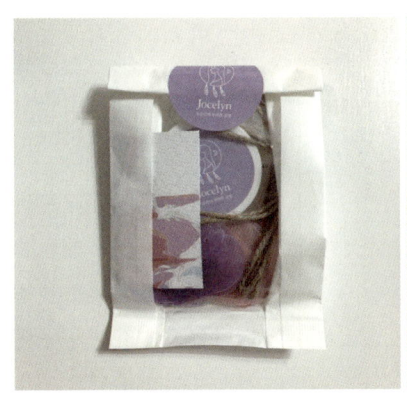 

공방 로고와 명함 등을 활용한 다양한 패키징

는 새 수천 수백의 디자인이 구현되었고, 사람들이 제 드림캐처를 보고 "컨셉이 있네요."라고 말해주기 시작했어요.

저는 시중의 드림캐처를 따라 만들지 않았습니다. 오직 제가 만들어보지 않은 새로운 문양을 연습할 때만 따라 만들어볼 뿐, 늘 새로운 디자인을 탐구했어요. 보통은 제가 좋아하는 자연이나 과일, 스킨스쿠버, 여행 등에서 영감을 받아 디자인하고, 저의 모든 감정을 작품에 녹여내기도 합니다. 기쁘고 행복한 날 혹은 설레는 날, 가슴 뛰는 날, 의지가 불타오르는 날, 슬픈 날, 외로운 날, 쓸쓸한 날, 빛나고 싶은 날, 마음이 무너지는 날 등. 평소 슬픈 감정을 다른 사람에게 잘 내비치지 않는 성격 때문인지 작품에 모두 표현하려고 하는 것 같기도 합니다.

브랜드 컬러는 제가 제일 좋아하는 색상인 연보라로 정했습니다. 로고는 드림캐처와 저를 형상화해 만들었어요. 드림캐처는 좋은 꿈을 꾸게 해준다는 의미가 있기 때문에 밤과 어울리죠. 밤에는 달이 떠 있기 때문에 로고에 초승달을 넣어주었습니다. 조슬린이 누구냐고 물어보는 분들이 많아 저의 옆모습도 로고에 그려 넣었습니다.

저는 그래픽아트를 좋아해 가끔 컴퓨터로 그림을 그리는데요. 어느 날 봄비가 시원하게 내려 깨끗하게 씻긴 튤립을 보며 꽃 그림을 그렸는데, 그 그림이 너무 마음에 들어 공방을 창업할 당시 명함 앞면에 그 그림을 넣었습니다. 항상 순수하고 깨끗한 마음으로 살기를 스스로에게 바라면서, 고난 이후에는 반드시 맑은 날도 찾아온다는 희망을 담은 그림이에요.

제가 작품을 만들면서 중요하게 느낀 점은 저의 연약함과 모진 부분도 브랜딩이 될 수 있다는 점이었습니다. 공방을 운영하면서 여러 고민을 하고 자료를 찾아보다가, 공방의 콘셉트 자체가 '우울'인 곳을 발견했어요. 그 공방은 우울증을 가진 사람들이 함께 모여 클래스를 하고, 이야기도 나누는 건강한 공동체의 역할을 하는 공방이었어요. 우울함이라는 것은 언제나 사람들이 숨기고 감추려고 하는 것이라 생각했는데, 오히려 세상에 드러내 서로 공감대를 형성하

명함 앞면에 삽입한 튤립 그림

고 새로운 인간관계를 형성하면서 공동체가 만들어낸 작품이 서로를 위로하고 성장시키는 아름다운 모습을 보니, 무언가 부럽기도 하면서 대단하다는 생각이 들었어요. 그래서 저 역시 제 작품에 저의 그림자를, 어두운 면을 담는 것을 주저하지 않아야겠다는 용기가 생긴 것이죠.

이걸 알기 전에는 사람들이 제가 만든 슬픈 느낌의 드림캐처를 볼 때 똑같이 슬퍼할 줄 알았어요. 그런데 '나처럼 이렇게 슬퍼하는 사람이 또 있구나.' 하고 되려 공감을 느낀다고 하더라고요. 저도 다른 분들의 작품을 통해 위로를 받을 때도 많이 있고요! 많은 분들과 작품을 통한 소통을 하면서 나의 모든 이야기와 상황, 그리고 나의 상처를 작품과 공방에, 브랜드에 전부 꺼내놓아도 괜찮겠다는 생각이 들었습니다.

독자분들의 연약한 마음은 어떤 마음인가요? 저처럼 내면을 다른 사람에게 잘 털어놓지 않는 성격이라면 그 다양하고 깊은 감정 하나하나를 작품에 모두 담아보는 건 어떨까요? 만일 누구에게도 털어놓기 힘든 이야기가 있다면 공방

에 찾아오셔서 그 이야기를 저와 함께 드림캐처에 담아보시겠어요? 공방을 창업한다는 것은 이렇게 사람들에게 자그마한 위로와 응원을, 그리고 성취감을 줄 수 있는 공간을 만든다는 뜻이기도 해요.

인스타그램으로 홍보하는 법
잠재고객과 충성고객, 인스타그램에 다 있다

제가 홍보에 이용하는 대표적인 SNS 채널은 블로그와 인스타그램입니다. 최근에는 유튜브도 소소하게 시작했어요. 공방 창업에 관한 인터뷰나 드림캐처 협찬 등 방송 출연과 관련한 문의 또는 제안들은 인스타그램 DM을 통해 연락이 많이 오는 편입니다.

    저는 공방을 시작하면서 인스타그램도 같이 시작했는데요. 체감하는 바, 브랜드를 알리는 수단으로서는 인스타그램이 가장 편리하다고 생각합니다. 블로그처럼 많은 글을 적지 않아도 되고, 사진 몇 장과 글 몇 줄에 해시태그만 잘 정리해 적으면 되니까요. 별도로 비용이 드는 것도 아니니, 내가 주인공이 되어 원하는 콘셉트로 인스타그램을 운영하면 됩니다.

0명부터 1만 명까지, 인스타그램 팔로워 키우기

현재 제 인스타그램 팔로워는 약 1만 명입니다. 기자, 문화 콘텐츠 담당자, 학교 선생님, 아티스트, 공방 선생님들, 아이 엄마, 직장인 등 정말 다양한 분들이 팔로워로 있습니다. 인스타그램을 통해 협업 제안이나 기업 행사 요청이 들어오기도 하고, 단체 DIY 키트를 주문받아 판매하기도 해요. 물론 개별 클래스나 주문 제작 문의도 많이 들어오고요. 어떻게 팔로워를 키웠는지 많은 분이 궁금해하는데요. 처음에는 저 역시 팔로워 0명에서 시작했습니다.

우선은 친구나 지인들과 '맞팔'을 했어요. 200명 정도가 채워지더라고요. 그 후 사진을 계속해서 올리면 팔로워도 당연히 느는 줄 알았는데, 사람들은 가끔 구경만 할 뿐 팔로워가 쉽게 늘지는 않았습니다. 저는 더 이상 사람들을 기다리지 않고 제가 먼저 손을 내밀기로 했어요.

하루에 1시간 정도는 제가 관심 있는 카페나 놀거리 등의 해시태그를 검색해서 타고 들어가 다른 사람들의 피드에 '좋아요'를 누르고, 댓글을 남기고, 먼저 팔로우를 눌렀어요. 저와 소통하고 싶은 분들은 답글도 달고 맞팔로우를 했는데, 그렇지 않은 분들은 아무런 반응이 없었죠. 그렇게 우선은 저에게 관심이 있다 싶은 분들과만 소통을 이어나갔습니다. 가장 중요한 점은 매일 꾸준히 사진을 업로드하고 내 스토리에 일상을 공유했다는 점이에요. 인스타그램 피드에 게시물이 몇 개 없어서 개인 정보나 취향을 알 수 없으면 그 사람에 대한 흥미가 생기지 않기 때문에, 내가 어떤 일을 하고 있고, 관심 분야는 어떤 사람인지를 피드를 통해 꾸준히 드러내야 합니다.

공방을 하는 분들은 보통 제품이나 클래스 사진만 올리는 경우가 많아요. 저의 경우 출강에 중심을 두었기 때문에 제품 사진만 올리지 않고, 강사의 이미지를 볼 수 있도록 제 사진도 많이 올렸습니다. 기업 행사에 있어서 강사의 이미지도 중요하게 보는 문화 행사 담당자님들의 마음을 읽은 거지요.

잠재고객 확보 방법

잠재고객은 현재는 고객이 아니지만 향후에 고객이 될 가능성이 높은 고객을 의미합니다. 그렇다면 인스타그램 내에서 잠재고객들은 어떤 행동을 할까요? 저는 이 부분에 대해 가장 많은 고민을 했는데요. 제가 잠재고객이라면 해시태그로 내가 원하는 맛집, 카페, 놀거리를 검색할 거라 생각했어요. 그리고 정말 마음에 드는 곳을 발견하면 팔로우를 하겠지만 그게 아니라면 팔로우까지는 괜히 부담스러우니, 게시물에 좋아요만 살포시 누를 것 같았습니다.

그렇다면 잠재고객을 만났을 때 우리는 어떤 반응을 보여야 할까요? '밀당의 법칙'이 여기에서도 작용하는데요. 내 게시물에 좋아요를 누른 고객에게 '좋아요 반사(내가 상대의 게시물에 좋아요를 눌러주는 일)'를 해주거나, 먼저 팔로우를 신청하는 등 적극적인 관심을 보여야 합니다. 인스타그램은 소통이 기반이기에 위 행동들을 했을 때 댓글이나 맞팔로우 등 긍정적인 반응이 돌아오는 경우가 굉장히 많았어요.

잠재고객을 확보하는 또 다른 방법은 적절한 양의 해시태그 사용입니다. 사람들이 너무 많이 쓰는 유명한 해시태그나 내가 업로드하는 사진에 어울리지 않는 해시태그를 사용하는 것보다는 전달하려고 하는 메시지에 딱 적정한 만큼만 해시태그를 사용하는 것이 좋습니다. 공방이 홍대에 위치해 있고 클래스를 홍보하고 싶을 경우 '#홍대공방 #홍대원데이클래스 #합정공방 #홍대놀거리 #홍대주말데이트'라는 식으로 해시태그를 사용하면 홍대에서 주말 데이트를 계획한 20~30대 커플들이 찾아오게 됩니다. 판매 제품을 홍보하고 싶을 때는 '#핸드메이드드림캐처 #드림캐처주문제작 #드림캐처공방 #이색선물' 이런 식으로 해시태그를 사용해 특별한 날 이색적인 드림캐처를 선물하고 싶어 하는 잠재고객을 부르는 것이죠.

충성고객 확보 방법

어느 정도 팔로워를 만들었다면 그 팔로워를 정말 내 사람으로 만드는 전략, 즉 충성고객으로 만드는 것은 순전히 자신의 몫입니다. 스스로의 만족감 또는 과시하기 위한 숫자로 팔로워를 채우는 것보다 정말 유의미한 숫자로 팔로워를 채우는 것이 훨씬 더 중요하고 어려운 일이지요.

충성고객과는 마치 연애하는 것처럼 행동합니다. 관심 있는 사람의 일상이 자꾸 궁금한 것처럼 고객님들의 스토리에 들어가보고, 맛집을 찾아갔다면 어디인지 물어보기도 하고, 좋은 글귀가 올라오면 댓글을 달기도 하고, 아프거나 힘들어 보이는 날은 위로의 한마디도 건넵니다.

내가 엄청난 인플루언서가 아닌 이상 아직까지는 지속적인 관심과 애정 표현만이 충성고객을 만드는 유일한 길이라고 생각합니다. 저는 제 브랜드 계정에 제품 사진과 공방 이야기만 하기보다는 그저 저라는 한 사람의 일상적인 이야기도 적습니다. 그렇게 개인적인 이야기를 적고 나서 댓글로 응원을 받으면 힘도 나고, 사랑을 받으면 감사하더라고요. 충성고객을 확보한다는 개념보다는 서로 애정하는 친구가 된다는 표현이 더 맞을 것 같아요.

조금 다른 이야기지만, 저는 가끔 인스타그램으로 공동구매를 진행하기도 하는데요. 제가 직접 먹어보거나 사용해보고 괜찮은 제품만 추천해 구매를 진행합니다. 이때 공동구매를 열면 저를 믿고 제일 먼저 제품을 구매하겠다는 분들이 대부분 저의 충성고객분들입니다. 공방에서 신제품이 나올 때마다 마침 누군가에게 줄 선물이 필요하면 곧잘 드림캐처를 구매해주시기도 하는 분들이에요. 항상 감사한 마음입니다.

◆
한정된 아이템으로 다양한 콘텐츠 구성하기

사람들은 생각보다 빨리 지루해합니다. SNS에는 매일 새 상품이 쏟아져 나오고 있고, 신상 카페와 이색 맛집들의 정보가 넘쳐나고 있죠. 그런 와중에 공방의 동일한 제품군을 보고 있으면 이따금 뒤처지고 있다는 생각이 들기도 합니다. 핸드메이드가 예술 창작 활동이긴 하나 매일 다르게 디자인하기도 사실상 어렵거든요. 그럴 때마다 '드림캐처라는 한정된 제품 라인을 SNS 안에서 어떻

〈조슬린의 우아한 공방〉 인스타그램 계정

3장 — 클래스와 제품 판매, 브랜딩을 시작합니다   177

게 다양하게 표현할 수 있을까?' 고민하지 않을 수 없었습니다.

 1인 사업가로서 제가 할 수 있는 가장 효율적인 방법은 매번 다른 드림캐처를 만드는 수강생들의 작품을 SNS에 올리고, 다양한 포토존을 준비하며, 색다른 구도로 제품 사진을 찍는 일이었습니다. 이 외에도 제품을 만드는 과정, 고객님들의 제품 구매 후기 사진, 공방의 새로운 소식, 일상생활 등을 꾸준히 업로드해 다양한 콘텐츠로 인스타그램 피드를 구성하는 일이 최선이었죠. 이는 여전히 진행 중입니다.

◆

인스타그램의 브랜드 계정 유형

"혹시 인스타그램 공방 계정에 개인 사진을 올려도 되나요? 제품 사진만 올리는 것이 좋을까요?"라는 질문을 많이 받습니다. 사실 인스타그램 운영에는 정답이 없어요. 자신이 원하는 방향대로 이끌고 나가면 그만일 뿐입니다. 브랜드 계정으로 운영하다가 개인 사진을 추가할 수도 있고, 개인 계정으로 운영하다가 나중에 개인 사진을 삭제하고 브랜드 계정으로 만들 수도 있어요. 다만 따지자면 크게 '브랜드 계정'과 '개인+브랜드 계정'으로 나눌 수 있습니다. 이해하기 쉽도록 사례를 들어가며 소개해보겠습니다.

오직 '브랜드' 계정

 개인 사진 없이 제품 관련 게시글만 올리는 브랜드 계정을 먼저 살펴볼게요. 대부분의 핸드메이드 공방 인스타그램은 사장님들께서 부끄러움이 많아 그런지 브랜드 계정으로만 운영되고 있습니다. 브랜드 계정이 가지는 장점은 제품 사진만 찍어 업로드하기 때문에 피드가 깔끔하고 구경하기에 부담이 없다는 점입니다. 수강생들이 인스타그램을 봤을 때 판매 제품에만 집중할 수 있

브랜드 계정 - 〈그녀의하루〉　　　　　　브랜드 계정 - 〈뚜비즈〉

기 때문에 제품 구매라는 정확한 목적을 갖고서 피드를 구경하게 될 때 구매할 제품을 선택하기가 쉽다는 점도 작용합니다. 판매를 위해 제품을 강조하고 싶거나 SNS에 자신을 드러내는 것을 부담스러워하는 분들께 좋은 계정 유형입니다.

　오직 브랜드 계정으로 인스타그램을 운영하고 있는 공방 사장님들은 주로 제품 사진과 기업 행사 참여 사진, 수강생들의 완성품 사진을 피드에 올립니다. 비교적 심플하게 인스타그램을 운영합니다.

'개인+브랜드' 계정

브랜드 계정에 개인의 일상을 더한 유형입니다. 사실 '브랜드 계정'처럼 인스타그램에 오직 제품 사진만 있을 경우 고객들이 자칫 광고 계정으로 인식할 수도 있어요. 광고에 대한 반감이 작용해 보기 불편해하는 것이죠. 이런 점 때문에 처음부터 브랜드 계정으로만 인스타그램을 키우기란 매우 어려워서 개인+브랜드 계정으로 시작해 팔로워를 늘리곤 합니다.

보통 사람들은 정적인 것보다는 동적인 것, 식물보다는 동물, 음식이나 제품보다는 사람을 보는 것을 더 좋아합니다. 인스타그램에 '사진 저장' 기능이 있

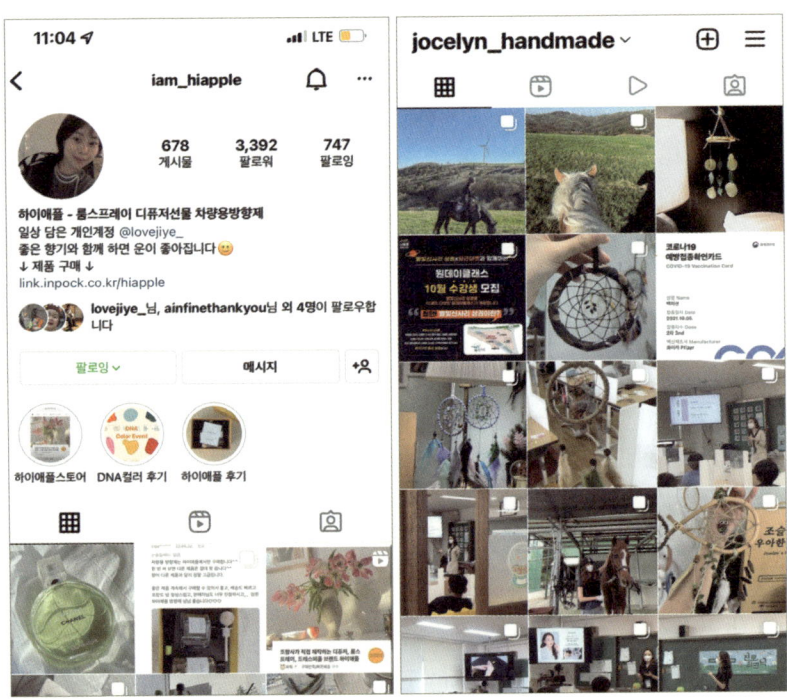

개인+브랜드 계정 - 〈하이애플〉   개인+브랜드 계정 - 〈조슬린의 우아한 공방〉

는 이유도 그 사람이 했던 것을 따라 해보고 싶은 심리가 있기 때문이죠. 제 계정에서도 가장 반응이 좋은 사진은 드림캐처 사진보다 저의 일상이나 강의 모습이 담긴 사진입니다. 개인적으로 겪은 일이나 중요한 이벤트를 게시글로 올리면 유난히 댓글이 많이 달리기도 해요.

이처럼 제품을 만드는 사람이 무엇을 하며 지내고 어떤 생각을 하는지를 꾸준히 업로드하다 보면 고객과 나 사이의 공감대가 형성되면서 팔로워들과 은연중 천천히 신뢰를 쌓을 수 있습니다. 인스타그램으로 제품을 판매할 때는 신뢰가 가장 중요하기 때문에 개인 일상을 공개하는 데 부담스럽지 않은 분들이라면 개인+브랜드 계정으로 브랜드 인스타그램을 시작해보는 방법도 추천합니다.

4년 동안 인스타그램 팔로워를 0명에서 1만 명으로 키우면서 느낀, 저만의 인스타그램 핵심 가치와 운영 노하우들을 모두 소개드렸습니다. 그러나 여전히 막막할 수 있어요. 노하우를 차치하고서라도 SNS에 꾸준히 게시물을 업로드하는 것 자체가 사실은 매우 어려운 일이기 때문입니다. 그러나 그만큼 늘 1개의 게시물이라도 꾸준히 올리다 보면 콘텐츠가 쌓이는 것은 물론 고객과 유대감이 생겨 자연스러운 브랜딩이 완성되는 것도 사실입니다.

저는 요즘 시대에 자신을 알리는 가장 손쉬운 도구는 인스타그램이라고 말씀드리고 싶습니다. 이번 글에서 알려드린 노하우를 바탕으로 독자분들의 애틋한 아이템이 인스타그램이라는 창구를 통해 대중들에게 멋지게 소개되기를 바랍니다.

블로그로 홍보하는 법
글 못 써도 가능한 블로그 마케팅

인스타그램 외에 블로그로도 제품과 클래스, 기업 출강을 홍보할 수 있습니다. 한 게시물당 써야 하는 글자 수와 들어가는 사진이 많아 포스팅하는 데 꽤 시간이 들지만요. 적게는 1시간에서 많게는 4시간까지 품이 들기 때문에 저는 인스타그램을 메인 홍보 창구로 두고 블로그는 서브 매체로 홍보하고 있습니다.

서브 매체이긴 해도 블로그 역시 매일 1개의 게시물을 포스팅하는 것이 가장 중요합니다. 다만 글재주가 없다고 걱정할 필요는 없습니다. 블로그 포스팅에 큰 글재주가 필요하지는 않아요. 다시 한번 강조하지만 꾸준히 쓰는 것이 중요합니다.

◆
스토리 구성

블로그 포스팅 시 몇 가지 유념해야 하는 사항이 있습니다. 가장 크게는 일상 글과 홍보 글의 사이에 균형을 맞추는 일입니다. 저는 전체 글 중 일상 글 비중이 70~80%, 홍보 글 비중이 20~30%가 되도록 유지하고 있습니다. 드림캐처 공방이라고 해서 드림캐처 관련 게시물만 포스팅할 경우 블로그 알고리즘에 중복 키워드로 인식되어 포털사이트 검색어 노출에 좋지 않은 영향을 줍니다.

저는 휴일에 주로 맛집이나 이색 카페를 찾아가길 좋아해서 일상 글은 맛집, 카페, 뷰티 정보 등 제가 공유하고 싶은 내용을 올립니다. 홍보 글은 어필하고 싶은 기업 행사나 클래스 후기, 완제품 소개글을 자유롭게 올리고 있어요.

◆
제목과 키워드

블로그는 제목과 키워드가 굉장히 중요합니다. 고객이 우리 공방을 어떤 키워드로 검색하고 찾아올지 상상하며 키워드를 뽑아내야 해요. 공방을 방문하는 수강생들에게 어느 채널에서 어떤 키워드로 검색해서 찾아왔는지 자주 묻게 되는 이유이기도 합니다. 그렇게 수강생이 자주 찾는 채널에 집중하고, 수강생이 검색했던 단어의 유사 키워드를 찾아 또 다시 포스팅하는 것이 중요합니다.

제 경우 지역과 방문 목적을 고려해 '홍대 공방' '홍대 놀거리' '합정 원데이 클래스' 등의 키워드를 활용해 포스팅합니다. 키워드는 제목 외에 본문에서도 4~5번 정도로 자연스럽게 반복해서 적고, 글과 사진을 번갈아가며 작성합니다. 매번 메인 키워드를 바꿔가며 글을 쓰는 것이 요령인데요. 예를 들어 '드림캐처'라는 동일 키워드는 3~4일에 한 번 정도 반복하는 것이 좋습니다.

꽤 유용한 프롤로그 기능

어느 정도 포스팅이 누적되었다면 프롤로그 기능을 활용해보는 것을 추천합니다. 블로그지만 조금은 홈페이지처럼 정리된 형태로 포스팅을 나타낼 수 있기 때문이죠. 프롤로그 기능은 PC에서만 볼 수 있는 기능인데요. 이 기능을 활용해 첫 페이지에 자신이 가장 어필하고 싶은 부분을 순서대로 보여주면 됩니다. 저의 경우 기업 행사와 클래스, 판매 제품을 소개하고 있습니다.

블로그로 출강 홍보하기

기업 행사, 즉 출강 관련 포스팅은 주로 기업 인사팀이나 총무팀 등 행사를 준비하는 분들이 가장 많이 둘러봅니다. 따라서 출강 지역, 커리큘럼, 완제품, 제작 시간, 준비 사항, 연락 방법 등을 상세하게 적어둡니다. 포스팅에 장점만

출강 및 온라인 클래스 포스팅이 나열된 네이버 블로그 프롤로그 화면

나열하기보다는 실제로 수강생들이 어려워하는 부분도 있다는 내용을 적어 조금이나마 신뢰감을 높여줍니다. 기업에서는 아무래도 단체 수업을 주로 진행하다 보니 출강 의뢰 시 공방 운영자의 이력이나 여건 등을 여러 가지로 까다롭게 보는 경향이 있습니다. 보통 출강 경험 유무, 수용 가능 인원, 만족도, 위험 요소, 수업 시간 등을 꼼꼼하게 확인 후 출강 제안을 주는 편입니다.

블로그로 클래스 홍보하기

클래스 관련 포스팅은 주말 약속을 계획하는 20~30대분들과 커플들이 가장 많이 찾아봅니다. 데이트를 목적으로 둘러보기 때문에 수업 일시, 소요 시간, 장소들을 상세히 적어둡니다. 정보를 자세히 쓸수록 고객들이 클래스 전후로 카페나 레스토랑 등 데이트 코스를 계획할 때 도움이 됩니다.

프롤로그 화면 하단의 클래스 후기 포스팅

블로그로 제품 홍보하기

수공예품의 경우 고객들이 스마트스토어 외에도 블로그로 제품을 구매하는 경우가 생각보다 많습니다. 따라서 모든 제품을 블로그에 홍보하지는 못하지만 인기 상품은 상세 설명과 후기 사진들을 넣어 꼭 소개합니다. 블로그로 유입된 고객들이 타 사이트로 이탈되지 않도록 포스팅 안에 제품 구매 링크를 걸어 한 번에 구매까지 이어지게 글을 작성합니다.

프롤로그 화면 하단의 제품 홍보 포스팅

제품 사진,
이렇게 찍어서 이렇게 올립니다

사진 촬영 및 제품 업로드 노하우

제품 촬영을 앞두고 DSLR과 같은 전문가용 카메라를 구입해야 할지 고민하는 분이 많습니다. 제가 4년간 공방을 운영하며 느낀 점은 1인 공방이라면 한 가지 분야만 전문적으로 잘 아는 것보다 얇게라도 여러 지식을 갖추는 것이 훨씬 더 유리하다는 점입니다. 포토샵, 일러스트, 사진 촬영, 영상 편집 등 공방에서는 혼자 해야 할 업무가 다양하기 때문이죠. 사진도 마찬가지입니다. 처음부터 완벽하게 찍으려고 하기보다 일단 시작해보기를 추천해요.

DSLR vs. 휴대폰

공방을 시작했을 때 저는 제가 가지고 있던 미러리스 카메라로 제품을 촬영했습니다. 촬영 이후 PC로 사진을 이동하고 마음에 드는 사진을 선택해 보정하고, 다시 휴대폰으로 사진을 옮겨 SNS에 사진을 업로드하는 등 할 일은 태산이고 마음은 바쁜데 시간도 너무 많이 걸리고 번거롭더라고요. 평소 사진에 관심이 많은 친구에게 고민을 얘기했더니 요즘은 유튜버나 인플루언서들도 사진이나 영상을 촬영할 때 휴대폰을 많이 사용한다고 알려주었습니다. 그때부터 제품 사진은 휴대폰으로 촬영하기 시작했어요.

휴대폰으로 촬영 시 아래와 같은 장점이 있습니다.

1. 언제 어디서든 원하는 경우 바로 촬영이 가능하다.
2. 생각보다 화질이 좋다(물론 전문가용 카메라보다는 화질이 낮으니 개인차가 있을 수 있습니다).
3. 촬영 직후 즉각적인 보정이 가능하다(기본 카메라와 인스타그램 툴만 잘 사용해도 간단한 보정이 가능합니다).
4. 가볍다.
5. 별도의 장비나 편집 프로그램을 구입하지 않아도 된다.
6. 촬영부터 업로드까지 소요되는 시간이 적다.

◆

감성 있는 제품 사진의 5요소

사실 저는 사진을 정말 못 찍는 사람 중 한 명이었습니다. 제 인스타그램을 보면 드러나지만 지난 4년간 공방을 운영하면서 사진 실력이 꽤 많이 는 편이에요. 그간 예쁜 사진은 어떻게 찍었길래 잘 나온 건지, 별로인 사진은 무엇 때문에 그러한지, 제가 찍은 사진과 인스타그램 속 친구들이 찍은 사진을 보면서 비교하고 분석했습니다. 이때 핸드메이드 제품은 작품을 만든 작가의 감성이 잘 묻어나면서도 실제로 제품을 구매했을 때 고객들이 이질감을 느끼지 않도록 자연스럽게 촬영하는 것이 중요하다는 것을 알았습니다.

사진 촬영 시 제가 가장 중요하다고 생각하는 5가지 요소는 '빛, 배경, 구도, 스타일링, 보정'입니다. 아래 예시 사진들을 통해 차례대로 설명해드릴게요.

빛

제 공방은 1층에 위치해 있고 창이 크게 있지만 햇빛이 매우 잘 드는 구조는 아닙니다. 그래서 날이 좋은 어느 날, 왼쪽 사진에서 보이듯 창가에 드림캐처를 걸어두었더니 어두운 듯 밝은 듯 은은하고 오묘한 분위기가 표현되었어요. 오른쪽 사진도 감성적이라고 생각하는데요. 자세히 보시면 드림캐처가 빛을 절반만 받은 사진입니다. 왼쪽 면은 빛을 받고 오른쪽 면은 빛을 받지 않았어요. 사진 한 장을 통해 드림캐처의 낮과 밤을 상상할 수 있는 재미있는 요소가 들어간 사진이지요.

감성 있는 제품 사진의 5요소 - 빛

배경

감성 있는 사진 촬영의 두 번째 요소는 바로 배경입니다. 왼쪽 사진은 너무 복잡한 배경에서 사진을 촬영해 수강생이 만든 드림캐처가 배경에 묻혀버렸어요. 실제로 보면 앙증맞고 귀여운데 말이죠. 반면 오른쪽 사진은 깔끔한 흰색 테이블에 드림캐처를 눕혀놓고 사진을 찍어 드림캐처가 돋보이게 나왔습니다.

깔끔한 아이템이라면 소품을 활용해 스타일링을 할 수도 있겠지만 제 공방 드림캐처의 경우 화려한 디자인이 많기 때문에 저는 비교적 깔끔한 배경으로 사진을 촬영하는 것을 선호합니다. 제품 판매용 사진을 찍을 경우 엽서나 화분, 잡지 등으로 주변을 스타일링하거나 제품 전체 컷 외에 디테일 컷도 신경 쓰면 좋습니다. 훨씬 더 예쁘고 고급스럽게 작품을 촬영할 수 있어요.

감성 있는 제품 사진의 5요소 - 배경

구도

구도 역시 정말 중요한데요. 구도①의 왼쪽 사진과 오른쪽 사진은 같은 제품을 동일한 시간대에 촬영한 사진입니다. 왼쪽 사진은 각도가 애매해서 제품이 돋보이지도, 세련되게 스타일링되었다는 느낌도 들지 않는데요. 반면 오른쪽 사진은 같은 제품을 깔끔한 흰색 테이블로 옮긴 뒤 위에서 아래를 그대로 바라보는 탑뷰로 촬영해 제품이 훨씬 정리정돈된 느낌입니다.

촬영에 영 소질이 없어 어떤 구도로 사진을 찍어야 하는지 막막한 분들께 딱 세 가지 구도만 추천드릴게요. 위에서 아래를 그대로 바라보고 찍는 '탑뷰', 피사체를 정면으로 바라보고 찍는 '정방향', 그리고 '45도' 구도입니다.

구도②의 왼쪽 사진이 45도로 살짝 틀어서 촬영한 경우인데요. 10~20도를 틀었을 때보다 45도 틀어서 촬영하게 되면 으레 말하는 '인스타 감성'이 물씬 풍기게 됩니다. 오른쪽 사진은 제품의 정방향에서 찍었는데 스타일링에 간섭받지 않고 제품이 오롯이 잘 느껴지도록 찍혔습니다.

감성 있는 제품 사진의 5요소 - 구도①

감성 있는 제품 사진의 5요소 - 구도②

스타일링

네 번째 요소는 바로 스타일링입니다. 감성적인 제품 사진을 찍기 위해서는 아무래도 적절하게 어울리는 소품을 활용하는 것이 도움이 되지요. 스타일링①의 왼쪽 사진처럼 제품만 확대해서 사진을 찍기보다 오른쪽 사진처럼 핸드메이드 작품에 들어가는 재료나 플라워를 촬영 소품으로 활용해 분위기를 멋스럽게 연출할 수 있습니다.

제품을 주거 공간에 인테리어해서 실제 사용하고 있는 사진을 보여주는 것도 좋습니다. 스타일링②의 왼쪽 사진은 수강생분이 보내준 사진이에요. 직접 만든 작품을 여행 사진과 같이 걸어뒀는데 보기만 해도 편안한 느낌이 들더라고요. 오른쪽 사진은 차량용 드림캐처를 어디에 걸어야 하는지 궁금해하는 분들이 가끔 계셔서 자동차 룸미러 뒤에 제품을 걸어 찍어본 사진입니다. 활용 방법도 같이 보여드릴 수 있어 제품 구매 시 고객님들이 참고할 수 있는 좋은 사진입니다.

감성 있는 제품 사진의 5요소 - 스타일링①

감성 있는 제품 사진의 5요소 - 스타일링②

보정

감성 있는 제품 사진을 건질 수 있는 마지막 요소는 바로 보정입니다. 사실 저는 사진을 신중하게 찍는 편이고 보정은 잘 하지 않는 편인데요. 이따금 비가 오는 날이나 너무 늦은 시간에 촬영을 하게 되면 사진이 어둡게 나오기 때문에 촬영 후 보정에 신경을 씁니다. 사진 보정이라는 게 감각의 영역이라 누군가에게는 간단할 수도 있지만 생각보다 어려워하는 분도 많기에 조금 더 자세히 다뤄볼게요.

아래의 사진을 보겠습니다. 왼쪽은 보정 전, 오른쪽은 보정 후 사진입니다. 보통 인스타그램 업로드용으로 사진을 찍게 되기 때문에 저는 인스타그램 자체 툴을 활용해 간단히 보정합니다. 다른 애플리케이션을 사용하게 되면 그만큼 시간도 많이 걸리고 괜히 번거롭더라고요. 제가 촬영한 사진을 실제 인스타그램에 업로드하기까지 그 보정 과정을 독자분들께 공유해보겠습니다.

감성 있는 제품 사진의 5요소 - 보정

① 밝기

조금의 수정으로 가장 큰 효과를 볼 수 있는 기능이 밝기 조절 기능이라고 생각해요. 왼쪽은 밝기를 낮추니 어둡게 되었고, 오른쪽은 밝기를 높여서 화사한 톤으로 표현되었습니다. 밝기만 조절했는데 다른 사진처럼 느껴지지 않나요? 실제로 밝은 느낌의 사진이 호감을 높인다는 연구 결과도 있습니다. 사진 보정이 필요하지만 보정 작업이 너무 번거롭게 느껴지는 날, 저는 간단히 밝기만 수정에서 SNS에 업로드하고 있습니다.

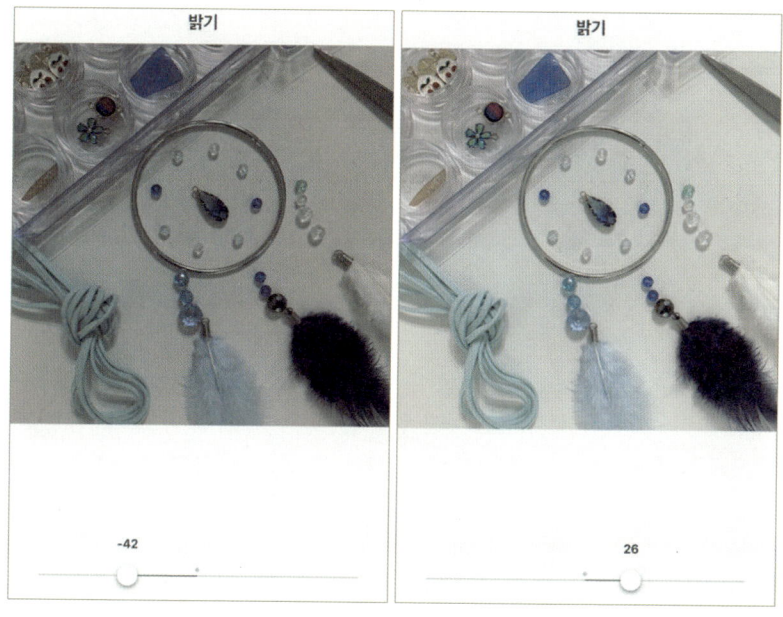

감성 있는 제품 사진의 5요소 - 보정(밝기)

② 대비

대비로 사진을 보정하는 방법도 있습니다. 제품과 배경을 구분 짓고 싶다면 대비 값을 높이고, 제품과 배경이 자연스럽게 어우러지게 하고 싶다면 대비 값을 낮춰주세요. 왼쪽처럼 대비 값을 올리면 제품의 색상이 강하고 선명하게 보이고, 오른쪽처럼 대비 값을 조금 내리면 파스텔 톤 색감이 더욱 풍부해지면서 좀 더 부드러운 느낌을 줄 수 있답니다. 저는 감성적으로 사진을 표현하고 싶은 날에 대비를 조금 낮춰서 보정하고 있어요.

감성 있는 제품 사진의 5요소 - 보정(대비)

③ 구조

구조는 선명도라고 이해하면 편합니다. 화질이 흐려서 제품 테두리를 선명하게 표현하고 싶을 때 사용하면 좋습니다. 구조 값을 높일 경우 드림캐처의 링이나 구슬, 펜던트 테두리가 더욱 뚜렷하게 표현되는 것을 볼 수 있어요.

감성 있는 제품 사진의 5요소 - 보정(구조)

④ 채도

채도는 색의 선명도를 나타내는데요. 빨강, 노랑 등 원색에 가까운 것을 채도가 높다고 표현하고, 흰색이나 검은색을 섞어 색이 옅어진 상태를 채도가 낮다고 표현합니다. 핸드메이드 제품에 채도 값을 높이게 되면 제품이 더 통통 튀어 보이기도 하고 생동감 있게 표현됩니다. 원색 계열의 제품을 만드는 경우 채도 값을 조금 높이고, 색상을 조금 옅게 만들고 싶을 때는 채도 값을 낮추는 것을 추천합니다.

감성 있는 제품 사진의 5요소 - 보정(채도)

⑤ 하이라이트

하이라이트는 사진 속에서 가장 밝은 색상을 더욱 환하게 만들어주는 역할을 합니다. 예시 사진에서 가장 밝은 색상은 흰색 깃털과 흰색 테이블이에요. 하이라이트 값을 높였더니 흰색 깃털과 테이블이 밝아진 것을 확인할 수 있습니다. 밝기는 사진을 전체적으로 밝혀주는 기능이라면 하이라이트는 밝은 부분만 더욱 환하게 만들어주는 기능입니다.

감성 있는 제품 사진의 5요소 - 보정(하이라이트)

⑥ 그림자

하이라이트와 반대의 기능으로 사진의 가장 어두운 부분을 더욱 어둡게 만들어줍니다. 그림자 값을 올릴 경우 대비와 마찬가지로 제품이 조금 더 부드럽게 보이도록 사진이 보정되고, 그림자 값을 줄일 경우 제품 색상이 조금 짙어지는 것을 볼 수 있습니다.

감성 있는 제품 사진의 5요소 - 보정(그림자)

사진 보정하기 좋은 앱 추천

인스타그램 툴을 활용해 사진을 보정하는 방법 외에 조금 더 섬세하게 보정을 하고 싶다면 몇 가지 앱을 추천드리겠습니다.

라이트룸(Lightroom)

색 온도, 색조, 생동감, 채도, 화이트 포인트, 블랙 포인트, 텍스처 등 제품 사진을 보정할 수 있는 여러 가지 기능이 있습니다. 인스타그램 툴은 기능이 다소 간단했다면 라이트룸은 전문적으로 제품 사진을 보정할 수 있는 앱이기에 보다 섬세한 색감 보정이 가능합니다.

스냅시드(Snapseed)

촬영한 사진을 드라마틱하게 보정해주는 효과가 있습니다. 저는 특히 구름이나 숲 등 자연에서 촬영한 사진을 보정할 때 더 좋다고 느꼈습니다. 도구에 들어가면 여러 기능이 있는데요. 'HDR Scape' '드라마' '화사한 글로우' 등의 필터 기능을 활용해보길 추천합니다.

소다(Soda), 유라이크(Ulike)

인물을 촬영할 때 자주 사용하는 어플입니다. 눈, 얼굴형, 립스틱 색상 등 자신에게 어울리는 뷰티 값을 미리 설정해두고 약간의 포토샵을 통해 더욱 매력적으로 인물을 촬영합니다. 특히 유라이크는 인플루언서들이 자주 사용하는 포즈를 제공하기 때문에 포즈대로 따라 찍을 경우 '인싸' 느낌이 나는 사진을 얻을 수 있어요.

같은 아이템 다르게 촬영하기

공방에서는 기획, 클래스, 제품 판매, 홍보 등 다양한 업무를 혼자서 도맡아 해야 하기 때문에 매번 다른 아이템을 만들기가 어렵습니다. 그렇다면 같은 아이템이어도 어떻게 매력적으로 다르게 보이게 할 수 있을까요? 저는 사진을 조금씩 다르게 촬영해보는 것을 추천드리는데요, 흰색 천이나 다양한 색상의 우드 보드를 활용해 사진을 찍는 방법이 있습니다.

 매번 어울리는 소품을 구매하는 것에 실패하거나 스타일링하는 것이 어렵다고 생각되는 분들은 렌탈 스튜디오를 이용해보세요. 렌탈 스튜디오는 1~2시간 단위로 예약이 가능합니다. 채광이 잘 들어오는 날 다양한 소품이 마련되어 있는 깔끔한 스튜디오에서 촬영해보세요. 이 외에도 거주하는 집이나 자동차 등 일상생활에서 실제로 제품을 활용한 사진을 촬영한다면 같은 제품이라더라도 색다르게 느껴질 거예요.

우드보드와 렌탈 스튜디오 예시

 구도를 조금씩 다르게 촬영하는 방법도 있습니다. 핸드메이드 제품을 마치 인물이라 생각하고 완제품의 전체 사진, 절반 사진, 디테일 사진으로 제품과 카메라의 거리를 조금씩 좁혀가면서 찍는 방법도 추천드려요.

거리에 따른 사진 변화(전체, 절반, 디테일)

◆
포토존

사진 촬영을 위해 매번 우드보드나 미니 스튜디오를 꺼내 촬영하는 것에 번거로움을 느낄 수도 있어요. 생각보다 준비 시간이 걸리는 편이고, 스타일링도 은근 신경 쓰이기 때문인데요. 공방에 작은 포토존을 2~3개 정도 두는 것을 추천드려요. 클래스가 끝나고 나면 수강생들이 만든 작품을 준비된 포토존에서 바로 촬영할 수 있어 굉장히 편리합니다. 이색적인 포토존을 만들어 한 장소에서만 사진을 촬영한다면 고객들에게 깊은 인상을 주게 되면서 포토존만으로도 공방 브랜딩이 가능해요.

판매 제품 업로드 노하우

제목(상품명)

판매 사이트에 제품을 업로드할 때 가장 중요한 항목이 바로 제목, 즉 상품명입니다. 블로그 홍보 방법에서도 얘기했지만 제목을 지을 때는 '소비자들은 어떤 키워드로 검색해서 내 사이트에 들어올까?' 고민하면서 유입 키워드를 분석하는 것이 좋아요. 나쁜 예시를 한번 들어보겠습니다. '우아하고 고급스러운 꽃다발' '지친 하루를 보듬어주는 보랏빛 향기' 등이 이에 속합니다. 감성적인 표현이지만 실제로 꽃을 사려고 하는 경우 고객들은 위 명칭으로는 잘 검색하지 않아요. 이렇게 감성적인 상품명들은 브랜드가 굉장히 유명해서 홈페이지에 유입자 수가 많을 때에나 사용합니다.

사업을 막 시작하려는 분들이나 쇼핑몰 초보자의 경우 고객들이 직접 검색할 만한 키워드를 조합해 상품명을 만드는 것을 추천드립니다. 좋은 예시로는 '화이트 수국 조화 꽃다발 부케' '여름꽃 생일선물 해바라기 미니 꽃다발' 등입니다. '화이트 수국 조화 꽃다발 부케'의 경우 '화이트 수국' '화이트 조화' '수국 꽃다발' '수국 부케' 등 다양한 키워드로 검색했을 때 쇼핑몰로 유입이 되기 때문에 좋은 제목입니다.

상세페이지

제목 다음으로 상세페이지를 꼼꼼하게 작성하는 것도 중요합니다. 상세페이지에는 정말 많은 내용들로 제품을 소개할 수 있어요. 재료, 만드는 과정, 활용 방법, 차별점, 주의 사항, 배송 정보, 문의처 등을 적을 수 있는데요. 제품이나 서비스에 대한 상세 정보가 부족할 경우 고객들의 문의 사항이 많을 수 있습니다. 특히 네이버 스마트스토어에 상품을 올릴 경우 포토샵을 이용해 하나의 이미지로 상세페이지를 업로드하는 것보다 이미지에 상세 설명을 더하는 식으로 상세페이지를 구성하는 것이 더 좋습니다.

스마트스토어 외에 다른 플랫폼에도 입점한다면 매번 같은 내용을 각 플랫폼에 입력해야 하니, 주요 사항들을 하나의 폴더로 정리해 관리하는 것도 요령입니다.

각 플랫폼별 교육 이수

각 판매 플랫폼에서 판매자를 위해 제공하는 교육이 있습니다. 네이버는 '네이버 비즈니스 스쿨'에서 스마트스토어 관련 교육을 하고 있는데요. 서울, 부산, 광주 등에서 오프라인 교육 수강도 가능하며 온라인 교육을 신청해서 듣는 방법도 있습니다. 핸드메이드 제품에 특화된 내용은 아니지만 스마트스토어를 어떻게 시작해야 하고 매출 향상을 위해 어떤 전략으로 접근해야 하는지 등 다양한 교육이 많이 있으니 시간이 될 때 꼭 한 번씩 신청해 들어보는 것을 추천해요.

핸드메이드 전문 플랫폼인 아이디어스에서도 별도로 작가 교육을 하고 있습니다. 아이디어스 입점 작가만 신청할 수 있으며, 공지사항에서 다양한 커리큘럼을 둘러보고 원하는 교육을 신청하는 식입니다. 신규 작가들을 대상으로 하는데, 교육 대상으로 선정되는 것이 쉽지는 않습니다. 아이디어스 작가를 위한 대표 강의로는 '아이디어스 운영 노하우' '사진 촬영법' '손익관리법' 등 실무적인 강의가 다수입니다.

이번 글에서는 실무에 도움이 되는 내용을 위주로 다뤄봤습니다. 감성 사진을 촬영하고 보정하는 방법부터 판매 플랫폼에 제품을 업로드하는 노하우까지 두루 살폈는데요. 초보 셀러분들께 정말 도움이 되는 내용이 아닐까 싶습니다. 소개드린 내용을 바탕으로 독자분들의 핸드메이드 제품이 더욱 돋보일 수 있기를 바라겠습니다.

재고 관리는 어떻게 하나요?

사소해 보여도 중요한 수익 지표, 재고 관리 노하우

재고 관리는 공방을 운영하는 분들이 가장 소홀히 생각하는 일 중의 하나입니다. 공방에 재료가 몇 개 없다고 생각하기 때문이지요. 초창기에 저 또한 그랬었고요. 그러나 공방을 운영하다 보니 재고 관리는 생각보다 중요한 지표라는 것을 알게 되었습니다. 재고와 수익 활동의 순환율은 공방 운영이 잘되고 있는지를 말해주는 대표적인 척도이죠. 수강생들이 어떤 재료를 더 많이 선호하는지 고객 취향을 알 수 있는 중요한 지표가 되기도 합니다.

◆

공방 재고 관리

공방 초창기의 사장님들께는 일주일에 한 번씩 재고 관리를 하는 것을 추천드립니다. 재료비 부담을 줄이려는 부분도 있지만 공방의 콘셉트를 잡는 사업 초창기에는 재료를 보는 안목이 매 순간 많이 달라지기 때문입니다. 재고로 관리할 품목에는 크게 아이템 제작 시 필요한 재료와 패키징 재료들이 있습니다. 패키징 재료에는 리플릿, 선물 상자, 명함, 박스 테이프, 택배 박스, 기타 포장 자재들이 포함됩니다. 제 경우 관리할 재료가 많다 보니 그때그때 필요한 재료를 포스트잇에 적어서 붙여두고 날을 잡아 한 번에 구입하는 편입니다.

- **재고 관리**
  - 초기에는 일주일에 한 번씩 관리
  - 아이템 관련 재료: (ex. 링, 끈, 깃털, 구슬 등)
  - 브랜드 관련 재료: (ex. 명함, 리플릿)
  - 포장 자재: (ex. 선물 상자, 종이 가방, 박스 테이프, 택배 박스 등)

◆

재료 주문

필요한 재료들을 주문하는 단계입니다. 공예 부자재는 동대문종합시장 부자재 상가나 남대문시장 또는 온라인으로 구입할 수 있고, 포장 자재는 방산시장에서 구입할 수 있습니다. 플라워의 경우 양재 화훼단지나 강남 고속버스터미널 화훼 상가를 이용할 수 있어요. 지방에 있는 독자분들이라면 온라인으로 주문하는 방법을 추천드립니다. 동대문이나 방산시장 등 대형 마켓은 오프라인 매장 외에 온라인 쇼핑몰도 운영하는 곳이 굉장히 많아요. 재료는 색상과 질감이 중요한데, 온라인으로 주문할 경우 원하던 색상과 실제로 받아본 제품 색상이 조금 다를 수 있는 점은 염두에 둬야 합니다.

◆

회계의 중요성

회계는 공방의 상황을 가장 객관적으로 나타내는 지표입니다. 공방의 성과를 매출로만 파악할 수는 없지만 공방이 잘 운영되고 있는지 현재 상황과 흐름을 잘 말해주지요. 일주일 매출을 통해 한 달 매출을 예상할 수도 있고, 인기 상품을 파악해 선 제작을 함으로써 시간을 보다 효율적으로 사용할 수도 있습니다.

저의 경우 엑셀로 수입과 지출 내역을 구분해서 적고 있어요. 수입 내역은 클래스, 판매, 출강 등으로 항목을 구분하고, 지출 내역으로는 임대료, 관리비, 공과금, 재료비, 포장재, 기타 운영비로 나누어 정리하고 있습니다. 꼼꼼하게 장부를 관리하다 보면 자주 새 나가는 비용을 막을 수 있어요.

× 2022년 5월, 자금예상흐름표 예시

날짜	수입/지출	상세내역	수입(A)	지출(B)	합계(A-B)
2022.05.01	수입	클래스(중급)	○○○		
2022.05.03	지출	포장재(선물 상자)		○○○	
2022.05.04	수입	판매(A)	○○○		
2022.05.06	지출	임대료		○○○	

이번 챕터에서는 간단하게 재고 관리, 재료 주문, 회계 방법에 대해 소개했습니다. 이 책을 읽고 있는 독자분들이 어떤 공방에서 창업을 시작하실지 모르겠지만 공방 시작과 동시에 회계 업무를 꼭 습관화하면서 꼼꼼하고 알뜰하게 공방을 운영해나가길 바랍니다.

4장

공방의
수익 구조를
알아봅니다

판매 방법이 이렇게나 다양합니다

개인 쇼핑몰부터 플리마켓까지, 판매 유형별 장단점

핸드메이드 제품을 고객에게 판매하는 방법은 크게 온라인과 오프라인으로 나눕니다. 온라인으로는 개인 쇼핑몰을 직접 운영하거나 이미 활성화되어 있는 유명 플랫폼에 입점하는 방법이 있고, 오프라인으로는 공방에서 직접 제품을 팔거나 편집숍에 입점하거나, 플리마켓을 통해 판매와 브랜드 홍보를 동시에 하는 방법이 있습니다. 이번 글에서는 다양한 제품 판매의 수익 구조별 장점과 단점에 대해 알아보겠습니다.

온라인 판매 - 개인 쇼핑몰 운영

자신만의 브랜드 쇼핑몰을 직접 운영해 제품을 판매하는 방법입니다. 쇼핑몰 홈페이지는 외주를 맡겨 편하게 제작할 수도 있고 카페24, 고도몰, 아임웹, 식

스샵 등의 홈페이지 제작 툴을 활용해 간단하게 직접 만들 수도 있습니다. 핸드메이드 온라인 숍은 특별할 것 없이 간단히 제품을 올리고 판매하는 시스템이라 후자도 좋은 방법입니다.

시간이 지나면서 대중들에게 브랜드 인지도가 쌓이게 되면 개인 쇼핑몰로의 유입이 어느 정도 생기지만 사실 창업 초창기에는 브랜드 인지도가 낮아 홈페이지를 방문하는 사람이 적습니다. 따라서 적극적인 홍보와 마케팅이 필요하죠. 〈조슬린의 우아한 공방〉도 창업하고 2년이 지나서야 제작 툴을 활용해 간단하게 홈페이지를 만들었습니다. 제 공방은 기업과 협업해 일을 많이 진행하기 때문에 홈페이지의 존재가 기업에게 신뢰감을 줄 수 있는 창구로 쓰이고 있어요. 일상 글도 함께 올려야 했던 블로그와는 달리 보여주고 싶은 콘텐츠만 작성해 업로드할 수 있다는 점도 편리합니다. 소액의 결제 수수료와 홈페이지 이용료를 제외하고 별도의 입점 수수료가 발생하지 않는다는 점도 개인 쇼핑몰의 장점입니다.

홈페이지 제작은 향후 브랜드를 확장하고 싶은 분들에게 적극 추천드립니다. 창업 후 1~2년 정도 지나 공방이 안정기에 들어서면 제작해보세요.

◆

온라인 판매 - 플랫폼 입점

네이버 스마트스토어, 아이디어스, 텐바이텐, 오늘의집 등 핸드메이드 소품과 잘 어울리는 판매 플랫폼에 입점하는 방법입니다. 입점 플랫폼에 대한 이야기는 2장의 '어디에서 팔아야 할까?'를 다시 참고해주세요. 이커머스 플랫폼 입점은 창업 초창기에 브랜드 인지도가 낮아 개인 쇼핑몰로는 고객 유입이 적을 때 추천하는 방법입니다. 기존의 이커머스 플랫폼은 이미 많은 팬층을 확보하고 있기 때문에 플랫폼 일일 고객 유입량이 굉장히 많은 편입니다. 개인 쇼핑몰보

※ 수익 구조별 장단점 비교: 제품 판매

구분	온라인		오프라인		
	개인 쇼핑몰	입점	공방	숍인숍	플리마켓 팝업스토어
정의	독립적인 브랜드 쇼핑몰 운영	오픈마켓 등 유명 플랫폼에 입점	공방매장 공방을 운영	편집숍, 백화점 등에 입점해 위탁 판매	로드 숍, 백화점 등에서 단기 행사 진행
장점	· 독립적인 브랜드 쇼핑몰 이면서 자연스레 유입 수 증가 · 장기적인 관점에서 볼 때, 브랜드가 유명해 지도 입점 수수료와 임대료가 발생하지 않아 순수익 증가	· 창업 초기, 브랜드 인지도가 낮을 때도 적용 홍보 시 인지도 상승 · 각 플랫폼별 특성과 고객 니즈를 파악하면 인지도 쉽게 수익 창출 가능	· 고객이 직접 제품을 보고 현장에서 직접 체험·구매 가능 · 고정·월 숍 수가 은다 · CS, 결제 등을 편집숍 운영자가 대행해 간편하게 제품 판매 가능	· 편집숍, 백화점 등에 입점해 있는 운영자의 적 성에 따라 제품 판매 수익에는 차이가 발생 · 높은 임대료	· 유동인구 많은 시점과 시간에 맞춰 제품과 브랜드 홍보 가능 · 신제품 개발 시 즉각적인 피드백 수집 가능
단점	· 창업 초기 브랜드 인지도가 낮을 때는 적 극적인 홍보와 마케팅이 필요	· 입점 플랫폼이 많아질 경우 관리의 어려움 · 다소 높은 판매 수수료	· 유동인구 수 많은 상 성에 따라 제품 판매 수익에는 차이 발생 · 높은 임대료	· 변동으로 공방을 운영 해야, 축가적인 제품 피드백을 받아보고 싶은 사람	· 변동이 큰 소비자의 심리
수수료·임대료	판매 수수료 O	판매 수수료 O	월 임대료 O	판매 수수료 O 월 임대료 O	판매 수수료 O 단기 임대료 O
추천	· 천천히 개인 브랜드를 키우고 싶은 사람	· 결제 수수료 홈페이지 이용료 O	· 고객과 소통하길 좋아 하며, 축가적인 제품 피드백을 받아보고 싶은 사람	· 단기간에 많은 사람들 해야, 축가적인 제품 홍보를 원하는 사람 · 제품 기획과 제작에만 집중하고 싶은 사람	· 단기간에 많은 사람들 응한한 제품 홍보를 원하는 사람 · 새로운 사람과 소통하 길 좋아하는 사람

4장 — 공방의 수익 구조를 알아봅니다

다 이런 플랫폼에서의 제품 노출 수가 몇 배나 많습니다.

입점 방법으로는 입점 제안을 받거나 직접 입점을 신청하는 방법이 있습니다. 전자는 판매 플랫폼의 MD가 공방 인스타그램이나 블로그 등 SNS를 둘러보고 아이템이 특색 있고 해당 플랫폼과 어울린다는 생각이 들면 먼저 입점 제안을 주는 방식으로 이뤄집니다. 저는 대부분 제안을 받아 입점하게 되었고 이메일이나 인스타그램 DM을 통해 연락을 받았습니다.

어떻게 하면 입점 제안을 많이 받을 수 있냐는 질문을 받곤 하는데요. 앞에서도 말씀드렸다시피 입점을 '많이' 하는 것보다 자신의 아이템에 어울리는 '특색 있는 플랫폼'을 찾아 입점하는 것이 더 중요합니다. 그럼에도 보통 플랫폼 MD가 입점 대상을 찾을 때 보는 사항을 알려드리면 공방이 신뢰도가 있는지, 작가의 작품과 플랫폼의 콘셉트가 일치하는지입니다.

공방의 신뢰도는 공방을 지속적으로 운영할 수 있는지, 고객의 문의에 친절하게 응대할 수 있는지, 빠른 배송이 가능한지, 대량 주문이 들어왔을 때도 제품을 제때 납품할 수 있는지 등이 기준이 됩니다. 이런 면을 종합적으로 고려해 연락을 주는 것 같아요. 여러분이 인스타그램에 매일 게시물을 업로드하고 고객 문의에 답변을 잘 달아주며 성실성과 친절함을 보였는데도 아직 입점 제안을 받지 못했다면 MD의 눈에 띄길 기다리는 일만 남았을지도 모릅니다.

원하는 플랫폼에 직접 입점을 신청하는 방법은 간단합니다. 플랫폼 사이트 하단을 자세히 보면 '입점 신청하기' 란에 이메일 주소가 적혀 있습니다. 이 이메일로 입점 신청을 제안하면 담당자의 안내에 따라 입점 절차를 진행할 수 있습니다. 단, 신청자 모두 100% 입점이 되는 것은 아닙니다. 작품이 플랫폼 콘셉트와 일치하지 않거나 완성품의 디자인 및 퀄리티가 떨어지는 경우 입점이 거절되기도 합니다.

입점 후 매출이 발생하면 보통 매출의 일정 비율을 입점 수수료로 제한 금액이 그다음 달에 정산되어 들어옵니다. 사업 초창기 브랜드 인지도가 낮을 때 유명 플랫폼에 입점하는 방법을 적극 추천드립니다.

오프라인 판매 - 공방

공방을 쇼룸 형태로 운영해 제품을 판매하는 방법입니다. 가장 큰 장점은 고객들이 직접 제품을 보고 구매할 수 있다는 점입니다. 온라인으로 판매할 때는 사진과 실제 느낌이 비슷하지 않다는 이유로 때때로 교환·환불 요청이 생기기 때문이에요. 제 경우 오프라인 공방에 직접 방문해 제품을 구매했던 손님 중에서는 교환·환불이 발생했던 적이 단 한 번도 없습니다.

　공방을 쇼룸 형태로 운영하게 되면 대부분 매일 출근을 해야 하는데요. 저처럼 예약을 받아 고객이 방문하는 시간에만 공방을 여는 것도 가능합니다. 저는 외부 행사 일정이 많아 공방에 없는 때가 많아서 클래스와 고객 방문을 모두 100% 사전 예약제로 받아 비교적 자유롭게 운영하고 있어요.

　공방을 오프라인 숍으로 운영하게 되면 주변 상권에 따라 유동인구가 크게 차이 나기 때문에 상권 분석을 꼭 해보기를 추천합니다. 매달 임대료가 고정적으로 발생하지만 자신의 제품을 직접 내보이고 싶고 고객과 소통하며 즉각적인 피드백을 받아 성장하고 싶은 사장님들에게 추천드리는 방법입니다.

오프라인 판매 - 숍인숍

온라인 외에 오프라인 숍에 입점하는 방법이 숍인숍입니다. 숍인숍이라는 개념은 1장에서도 간단히 소개했듯이 숍 안에 또 다른 숍이 존재한다는 의미입니다. 가장 대표적으로 편집숍이나 인테리어 소품점을 들 수 있습니다. 숍에서 각자 다른 브랜드의 아이템을 모아 제품을 판매하는 형태죠. 가장 큰 장점은 별도로 오프라인 공간을 마련하지 않아도 고객들이 직접 현장에서 제품을 보고 구매할 수 있다는 점입니다. 숍에 위탁해 판매하는 식이기 때문에 편집숍 담당자가 결제와 CS 업무를 대행합니다. 간편하게 판매가 이루어진다는 점이 굉장히 매력적이죠. 다만 편집숍 운영자의 적극성에 따라 매출이 크게 달라질 수 있다는 점을 유념해야 합니다. 고정적으로 월 임대료가 발생하며, 제품 한 개당 판매 수수료도 발생합니다.

홈공방이나 쉐어공방을 운영하고 있는 분들, 투잡으로 공방을 시작해 시간은 부족한데 마땅한 판매 공간이 아직 없는 분들에게 추천드리는 유형입니다.

◆

오프라인 판매 - 플리마켓

공원이나 로드 숍에서 제품을 판매하는 방법입니다. 큰 플리마켓의 경우 리조트나 아웃렛에서 이벤트성으로 진행하기도 해요.

플리마켓은 공방을 운영하는 분들 사이에서도 호불호가 굉장히 큰 편인데요, 각 행사마다 매출이 많이 다르기 때문이기도 합니다. 불특정 다수가 모이는 공간이라 어느 연령층이 방문할지, 그들이 내 제품에 관심이 있을지는 예측할 수 없으니까요. 보통은 유동인구가 많은 곳에서 플리마켓이 진행되지만 야외 행사인 만큼 갑자기 비가 오거나 날씨가 추워지는 경우 생각보다 방문하는 사람이 많이 없을 수도 있고 소비자의 심리 역시 위축되어 수익을 기대할 수 없게 됩니다. 다만 신제품이 나왔을 때 소비자들의 피드백을 가장 빠르게 받을 수 있는 방법인 것은 확실합니다.

플리마켓은 일일 임대료와 판매 수수료가 발생합니다. 고객들과 소통하는 것을 좋아하고 소비자의 즉각적인 피드백을 받고 싶은 분, 단기간에 제품과 브랜드 홍보를 동시에 하고 싶은 분들에게 추천합니다.

이번 글에서는 공방의 수익 구조 중 제품 판매의 유형별 개념과 제 경험을 바탕으로 한 장단점을 소개드렸습니다. 다음 글에서는 클래스와 출강의 장단점에 대해 설명할 텐데요. 모두 꼼꼼히 읽어보고 나의 성향과 상황에 맞는 방법을 선택하길 바랍니다.

온라인 방식으로 변화 중인 클래스와 기업 출강

온·오프라인 클래스와 기업 출강의 장단점

앞선 글에서 공예 제품을 판매할 수 있는 다양한 수익 구조를 알아봤습니다. 이번에는 클래스와 출강에 대한 내용입니다. 2020년 1월 전까지만 하더라도 오프라인으로 많은 인기를 끌던 수업들이 코로나19 이후 온라인 방식으로 많이 변화하고 있습니다.

오프라인 클래스 - 공방 수업

위드코로나가 시작된 후 오프라인 클래스는 다시 인기를 되찾고 있습니다. 퇴근 후 직장 동료들과 머리를 식히려는 분들, 이색 데이트를 즐기려는 커플들, 주말용 취미를 만들어보거나 생일이나 기념일 등 특별한 날에 새로운 추억을 쌓으려는 분들이 다시 늘고 있어요.

※ 수익 구조별 장단점 비교: 클래스, 출강

구분	클래스		기업 출강	
	오프라인 공방	온라인 DIY 키트	오프라인 행사·워크숍 등	온라인 단체 수업
정의	수강생이 공방에 직접 방문해 공예품을 만들며 새로운 경험을 하는 체험	아이템을 만들 수 있는 설명서와 DIY 키트만 제공하는 것으로, 만들기 재료 키트로 구성해 판매	기업으로 직접 출강을 나가 10인 이상 단체 수업 진행	공방이나 집에서 온라인(줌, 유튜브)으로 단체 수업 진행
장점	· 직접 대면해 기초지도로 질 높은 수업 가능 → 수업 만족도 상승해 좋은 후기 생성 · 직접 가르치는 과정에서 보람을 느낄 수 있음	· 영상과 DIY 키트만 제공하는 방식의 클래스를 꾸릴 수 있음 · 새로운 사람을 만나지 않아도 원하는 시간과 장소에서 클래스 소개 가능	· 새로운 사람들을 만나고, 다양한 곳에 방문하는 재미가 있음 · 공방의 대표작업이 이력이 쌓임 · 단시간에 큰 수익을 얻을 수 있음	· 기업이나 집에서 온라인(줌, 유튜브)으로 단체 수업 진행 가능 · 기업으로 이동하지 않아도 단체 수업 가능 · 지역과 상관없이 단체 클래스 가능 · 단시간에 큰 수익을 얻을 수 있음
단점	· 매번 새롭고 다양한 사람들을 만나는 것이 생각보다 어렵게 느껴질 수 있음	· 오프라인 클래스에 비해 수익이 적게 남음	· 대중 앞에서 강연하는 것이 부담스럽게 느껴질 수 있음 · 예상치 못한 돌발 상황에 신속히 대처할 대처가 필요함 · 획일된 사용이 많음	· 오프라인 단체수업 경험이 없이 온라인으로 수업 진행 시 어려움 발생 · 촬영 장비를 원활히 사용하지 못할 시 매끄러운 진행 어려움
수수료·임대료	결제 수수료 0 임대료 0	결제 수수료 0 또는 판매 수수료 0	결제 수수료 0 교통비 0	임대료(또는 스튜디오 대여료) 0
추천	· 새로운 사람과의 소통이 즐거운 사람 · 지식과 노하우를 기록해주는 것을 좋아하는 사람	· 투잡으로 공방을 운영하는 사람 · 영상 촬영과 편집을 재미있게 하는 사람	· 대중 앞에서 강연하는 것을 좋아하는 사람 · 새로운 사람, 기업 문화를 경험해보고 싶은 사람	· 촬영 장비를 잘 다루는 사람 · 오프라인 단체 클래스 경험이 있는 사람

4장 ─ 공방의 수익 구조를 알아봅니다

대면 수업은 수강생이 막히는 부분이 생겼을 때 즉각적으로 도울 수 있어 질 높은 수업이 가능하다는 점이 큰 장점입니다. 저는 처음 유튜브 영상을 보며 독학으로 드림캐처를 배웠는데요, 공예가 거의 처음이어서 이해가 될 때까지 영상을 돌려 보고, 또 작품을 만들었다 해체했다를 반복하니 오랜 시간이 걸렸습니다. 따라서 영상을 보며 혼자 따라 만드는 어려움을 누구보다도 공감하기에 대면 수업에서는 수강생들이 쉽게 이해할 수 있도록 여러 장치들을 준비해뒀어요. 공예 클래스 특성상 결과물도 중요한 만큼, 수업을 진행하면서는 작품이 예쁘게 나오도록 수강생을 옆에서 많이 도와드리고요. 수강생들이 공통적으로 어려워하는 부분을 빠르게 파악해 쉽게 알려드리고, 수강생이 자신의 완성작을 조금 아쉬워하는 경우 제가 직접 요령껏 한두 번의 터치로 모양을 다듬어줍니다.

공방 안에서 수업을 진행할 때는 필요한 재료가 모두 준비되어 있으니 준비 과정에서 부담이 적다는 점도 장점입니다. 재료가 가장 많은 장소이다보니 수강생들에게서도 획기적이고 창의적인 디자인이 나와요. 이를 보면 저도 문득 영감이 떠오르기도 합니다. 공방에서 새로운 작품을 기획하고 제작할 때는 수강생들의 다양한 아이디어와 생생한 피드백을 받을 수 있다는 점도 좋습니다.

원데이클래스를 진행하다 보면 매번 새로운 사람들을 만나게 됩니다. 다양한 사람들을 만나 이야기하는 것을 좋아하는 분, 자신의 지식이나 노하우를 직접 말과 손으로 알려드리는 것을 잘하는 분들에게 추천드립니다.

◆

온라인 클래스 - DIY 키트 수업

자신이 원하는 때에 편한 장소에서 영상이나 설명서를 보며 천천히 제품을 따라 만드는 방법입니다. 수강생 입장에서는 DIY 키트만 구입하면 되니 오프라

인 수업보다 가격이 상당히 저렴하기도 하고, 공방을 직접 찾아오지 않아도 되어 편리하죠. 코로나19 확산 이후로 집에서 취미 생활을 찾는 분들이 많아져 DIY 키트 시장에도 열풍이 불었습니다.

DIY 키트는 종이로 된 설명서보다는 유튜브 영상이 더 좋습니다. 영상 제작이 어렵다면 외부에 맡길 수도 있고, 스스로 만드는 경우 'VLLO'나 'VITA' 등 무료 동영상 편집 앱을 활용해 촬영에서 편집까지 전부 가능합니다. 유튜브에 영상을 업로드할 때는 전체 공개도 가능하지만 비공개 설정 후 원하는 사람만 구글 메일로 초대해 영상이 보이도록 설정할 수 있습니다. 혹은 일부 공개로 동영상 링크를 알고 있는 사용자에게만 영상이 보이도록 설정할 수도 있습니다.

온라인 클래스는 편리한 만큼 단점도 있습니다. 수강생이 혼자서 만들게 되다 보니 재료를 하나 빠뜨리거나 매듭을 잘못 지었을 때, 한참이 지나고 나서야 인지하는 경우가 많이 생깁니다. 핸드메이드는 즉각적인 수정이 어려워서

DIY 키트로 제품을 만드는 온라인 클래스 촬영

잘못된 지점이 있으면 그 지점까지 매듭을 풀고 다시 작업해야 하는 등 실수가 나면 시간과 노력이 많이 소요되는데요, 이런 실수를 적절한 시기에 피드백할 수 없다는 점이 수강생과 강사 모두에게 조금 아쉬운 지점입니다. 온라인 클래스는 영상 편집에 어려움이 없는 분들, 유튜브를 하는 분들에게 추천드립니다.

◆

오프라인 기업 출강 - 행사, 워크숍

기존의 공방 클래스와 기업 출강의 가장 큰 차이점은 수업 인원과 장소입니다. 이전까지는 공방에서 소규모로 클래스를 진행했다면 출강은 공방이 아닌 기업으로 직접 출장을 나가 10인 이상의 단체를 대상으로 수업을 진행하는 방식이에요. 처음 출강을 나갔을 때 저는 공방에서 하던 수업과 비슷하게 진행하면 될 것이라 생각했는데요, 많은 인원을 케어해야 한다는 점이 생각보다 어렵더라고요. 자세한 내용은 5장에서 다뤄보고, 지금은 출강의 장단점만 간단히 얘기해 보겠습니다.

 기업 입장에서는 많은 직원이 이동하는 것보다 강사가 회사로 찾아오는 편이 편합니다. 강사 입장에서도 공방 클래스보다 기업 출강이 시간당 수익이 훨씬 높으니 좋고요. 저 역시 오프라인 기업 출강을 가장 좋아하는데요, 수익도 수익이지만 매번 새로운 회사를 가서 낯선 사람들을 만나는 일이 정말 즐겁습니다. 공방의 경력도 차곡차곡 쌓아나갈 수 있고요.

 공방 클래스는 수강생의 숙련도에 따라 수업 시간이 20~30분 정도 더 연장될 수 있지만 기업 행사는 정해진 시간 안에 모든 것을 완료해야 합니다. 따라서 강의 난이도는 쉬워야 하며, 강사 입장에서는 돌발 상황이 발생할 수 있기 때문에 빠르게 상황을 대처할 수 있는 순발력이 필요합니다. 출강 준비 역시 꼼꼼히 마쳐놓아야 하는데요, 수업에 필요한 재료들 중 하나라도 빠뜨렸다가는 수업의 리스크가 크기 때문에 준비에도 신경을 많이 쓰는 편이에요.

대중 앞에 나서는 것을 부담스러워하는 분이라면 출강이 어렵게 느껴질 수도 있습니다. 다양한 회사 문화와 새로운 사람들을 경험하고 싶은 분, 대중들 앞에서 강연하는 것을 좋아하는 분들에게 적극적으로 추천드립니다.

◆

온라인 기업 출강 - 단체 화상 수업

코로나19 이후 출강으로 진행하던 단체 수업도 화상 수업으로 전환되고 있는 추세입니다. 온라인 단체 수업의 경우 보통 줌(Zoom)으로 화상 수업을 진행하고 있어요. 수업에 필요한 공예 재료는 사전에 택배로 발송하고요. 수업 당일에는 정해진 시간에 원하는 장소에서 휴대폰으로 화상 채팅을 켜서 아이템을 만들기 시작합니다. 강사는 얼굴과 손동작을 모두 보여주어야 하니 웹 캠은 2대를 준비해주세요.

실시간 단체 화상 수업을 진행할 때는 화면을 통해 즉각즉각 수강생들이 만든 작품을 확인할 수가 없어요. 따라서 중간중간 수강생들의 진행 속도와 작품의 완성도를 따로 확인하고 이끌어주는 요령이 필요합니다. 온라인으로 진행되는 단체 수업은 오프라인보다 간편하긴 하지만 더 많은 실무 노하우가 필요합니다. 오프라인 단체 클래스를 어느 정도 경험해보고 약간의 노하우가 쌓인 분들에게 추천합니다.

이번에는 클래스와 기업 출강이 온라인과 오프라인 방식에 따라 어떻게 다를까 궁금해하는 분들에게 도움이 될 만한 내용을 간단히 얘기해봤습니다. 저의 사례와 더불어 다양한 방식을 참고해, 내가 가장 선호하는 수익화 유형을 찾아보시기 바랍니다.

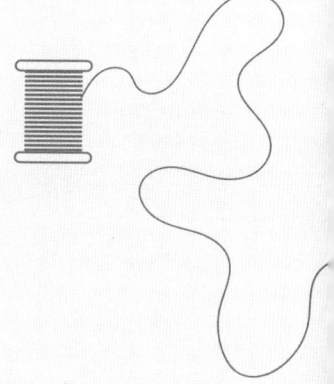

> 5장

공방 수익화의 꽃, 기업 출강과 브랜드 콜라보의 모든 것

××××××

기업 출강의 모든 것

출강 전 제안 메일 확인부터 출강 후 세금계산서 발행까지,
전 과정 행사 노하우

4년 전, 막 퇴사한 백수였던 저는 '딱 3개월만 내가 좋아하는 일을 마음껏 해보고, 그동안 수익이 하나도 나지 않는다면 뒤도 돌아보지 말고 다시 회사로 돌아가자'고 다짐했습니다. 그리고 퇴사 후 정확히 3개월이 되던 때 안나수이(ANNA SUI)라는 브랜드에서 연락을 받았습니다. 그렇게 첫 브랜드 콜라보 행사에 참여하게 되었죠. 3개월이란 시간은 아무에게도 말하지 않은 제 자신과의 약속이었는데, 경험도 없던 제가 처음부터 브랜드 콜라보라니. 새로운 일을 시작해보라는 하나님의 메시지처럼 느껴졌습니다. 그제야 부모님께도 공방을 시작했다는 사실을 뒤늦게 말씀드릴 수 있었어요.

그 후 약 4년 동안 브랜드 콜라보 7회, 기업 출강 100회 이상을 경험하며 이제는 어느덧 기업 출강 및 브랜드 콜라보 전문 공방으로 자리를 잡았습니다. 이번 글에서는 기업 출강에 대해 먼저 말씀드리고 다음 글에서 제 인생의 새로운 기회가 되었던 브랜드 콜라보 과정을 자세히 전해보겠습니다.

기업 출강 전 과정

출강 제안을 받는 시점부터의 전 과정입니다. 보통 행사 한 달 전, 카카오 플러스친구나 이메일을 통해 기업 담당자에게서 연락이 오기 시작합니다. 처음 연락이 오면 대부분 '가벼운 마음으로 다음 달에 어떤 아이템으로 클래스를 진행하면 좋을지 공방 조사를 하고 있는 상황'이라며, 주로 '대략적인 예산과 수업 시간은 이러한데 정해진 날짜에 해당 기업으로 직접 출강을 올 수 있는지, 제시한 인원은 수용 가능한지, 커리큘럼은 어떻게 되는지' 등을 문의합니다. 일정과 장소는 확정되어 변동이 어려운 경우가 많고, 인원이나 예산은 회사 사정에 따라 아주 조금씩 변경되기도 합니다.

문의 사항에 간략하게 답변을 남기면 약 일주일 후에 기업에서 내부 회의를 거쳐 가장 마음에 드는 공방 한 곳을 선정해 제품 시안과 견적서를 요청합니다. 내부 회의 기간은 유동적이며, 짧게는 3일에서 길게는 2주가 걸릴 때도 있어요. 시안과 견적서를 보내고 나면 공방에서는 대부분 출강이 확정된 것으로 생각합니다. 제 경험상 특별한 이유가 생기지 않는 이상 시안과 견적서를 보내고 나서 출강이 취소되는 경우는 거의 발생하지 않았어요.

그 후에는 출강이 확정되었다는 연락과 함께 강사 이력서와 수업 커리큘럼이 담긴 강의 계획서 작성을 요청합니다. 강의 계획서에는 수업 목적과 커리큘럼 등을 간략히 적습니다. A4용지 1~2쪽 분량이라 작성하는 데 크게 어렵지 않아요. 그 후 행사 일주일 전부터 재료를 구입하고 공예 키트를 만드는 등 본격적으로 출강 준비를 시작합니다.

'기업 출강'이라고 하면 처음에는 겁도 나고 클래스와는 다르게 크게 준비할 사항이 많을 것 같기도 하죠. 하지만 두세 번 출강을 다녀오고 이 프로세스를 몸에 익히고 나면 그 이후로는 새로운 장소에서 낯선 사람들을 만나는 색다른 매력에 푹 빠지게 됩니다. 단기간에 큰 수익을 얻을 수 있다는 점도 기업 출

× 기업 출강 전 과정

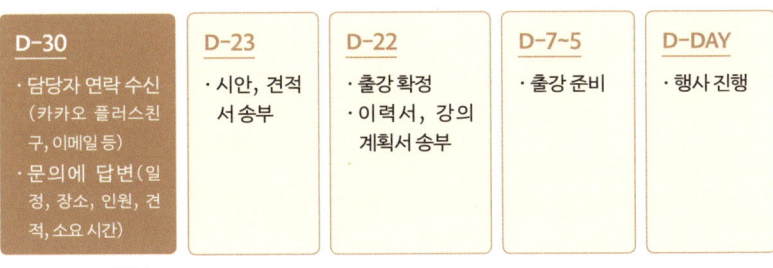

강의 큰 장점입니다.
 저는 기업 행사 담당자에게 처음 연락을 받는 날에 행사 진행이 대략 80~90% 확정되었다고 생각합니다. 카톡이나 메시지를 주고받는 과정에서 담당자가 제가 안내한 견적이나 드림캐처 디자인에 대해 만족하고 있는 것이 느껴지기 때문이에요. 그렇게 생각하는 이유는 따로 있습니다. 대부분 이미 제 블로그나 인스타그램을 통해 다른 기업 출강 후기를 보고 오기 때문입니다. 담당자가 저에게 연락을 주는 날은 마지막으로 예산만 확인하기 위한 때가 많아요.

◆

기업 출강 전, 체크리스트

저는 행사 전에 기업 담당자님과 소통하며 아래 내용을 모두 꼼꼼히 확인 후 출강을 준비하고 있어요.

일정 및 장소
정말 바쁜 날은 하루에 출강이 2번 잡히는 날도 있습니다. 오전에는 홍대,

오후에는 강남으로 출강을 갔던 적도 있어요. 같은 날이라 할지라도 시간과 장소가 다르면 하루에 2회 출강도 가능하기 때문에 일정과 장소는 꼼꼼하게 확인하고 있습니다.

행사 목적

행사 목적은 크게 기업의 VIP 고객을 위한 문화 클래스, 직원 복지 프로그램, 부모·자녀 프로그램 등으로 나눌 수 있습니다. 행사 목적을 미리 파악하면 행사 당일 수업 분위기를 미리 파악할 수 있어요. 행사 목적에 따라 공방 소개 프레젠테이션과 강의 옷차림에 조금씩 변화를 주기도 합니다.

인원

많은 인원을 제시한다고 해서 무턱대고 모두 수용하면 안 됩니다. 아이템별로 클래스 가능 인원이 다른데 향수처럼 제작이 간단한 아이템은 많은 인원을 수용할 수 있고, 드림캐처럼 섬세한 작업이 주를 이룰 경우 수용할 수 있는 인원에 한계가 있습니다. 행사에 참여하는 인원이 많을 경우 행사를 2회로 나누어 진행하는 등 다른 방법을 추가로 논의할 수도 있어요.

난이도 및 소요 시간

공방에서 진행하는 소규모 수업과 기업에서 진행하는 단체 수업은 난이도와 소요 시간에서 굉장히 큰 차이가 납니다. 공방에 찾아오는 수강생은 일단 수공예에 어느 정도 관심이 있어서 그런지 자세히 설명하지 않아도 잘 만드는 경우가 꽤 많아요. 하지만 직장 내 문화 프로그램으로 강의를 듣게 된 사람들의 경우 공방 수강생들보다 공예에 대한 관심과 숙련도가 대부분 낮습니다. 더불어 기업 행사는 10인 이상 단체로 진행되는 클래스이고 수업 시간이 정해져 있기 때문에 안정적인 진행을 위해 수업 난이도는 되도록 쉽게 준비하는 편입니다.

예산

견적서를 작성하는 경우 1인 클래스 비용에 대한 재료비, 교통비 등 모든 사항을 포함해서 작성하기도 하고, 재료비와 교통비, 강사료 등 세부 항목별로 나누어 적기도 합니다. 중요한 점은 해당 예산에 실제 교통비와 재료비, 출강 준비에 필요한 인건비가 모두 포함되는지, 공방에서 제공 가능한 예산인지를 꼭 확인해야 한다는 점입니다. 간혹 예산이 너무 낮게 책정되기도 하는데요, 수입적인 면을 떠나 의미가 있는 클래스라는 생각이 들면 출강을 나가고, 그렇지 않으면 출강을 거절하기도 해요.

결제 방법

결제 방법도 사전에 문의하는 것이 좋습니다. 세금계산서 발행이 필요한지, 카드 결제가 가능한지 부분이에요. 일반사업자의 경우 세금계산서 발행 및 카드 결제가 모두 가능합니다. 간이사업자의 경우 세금계산서 발행이 불가능하고 카드 결제만 가능하니 이 부분도 꼭 사전에 협의하세요.

◆

기업에서 원하는 출강

기업 행사를 워낙 많이 다니다 보니 기업에서 원하는 출강은 따로 있다는 사실을 알게 되었습니다. 이 사실을 어떻게 알게 되었을까요? 바로 기업 행사 담당자분들이 저에게 하는 문의 내용에 모든 내용이 녹아 있었습니다.

회사에서 정한 일정에 출강이 가능한가?

문화의 날이나 매주 마지막 주 금요일 등, 기업 출강은 보통 회사에서 정한 날짜에 진행하게 됩니다. 일정 변경이 가능한 때도 가끔 있어요. 하지만 대부분은 기업에서 처음 제시한 날짜로 수업을 진행하게 되고 일정 변경이 불가능한 경우가 많습니다. 기업 행사이기에 평일에 보통 행사가 진행되는데요. 기업에서는 평일 오전 10시와 오후 4시를 가장 많이 선호합니다. 퇴근 후 저녁 또는 점심시간에 클래스를 진행할 경우 직원들이 간단히 샌드위치를 먹으며 수업에 참여하기도 해요.

출강 경험이 있는가?

단체 출강에서는 보통 기술을 가르치는 것 외에 수업을 즐겁고 원활하게 이끌어줄 강사를 선호합니다. 또 인원이 많기 때문에 수업 도중 예상치 못한 상황이 발생하기도 해서 출강 경험이 없는 강사보다 돌발 상황도 유연하게 대처할 수 있는 강사를 더 선호합니다. 수업이 끝나고 나면 기업의 행사 담당자가 직원들에게 만족도 조사를 받는 일이 많습니다. 강사의 출강 경험은 강의 만족도와 이어지기에 기업 행사 경험이 있는 강사가 아무래도 선호됩니다.

예산에 적합한가?

보통 기업 담당자가 클래스 가격에 대해 먼저 문의하는데요. 우리가 생각하는 예산을 말한다고 해서 100% 반영되는 것은 아닙니다. 회사에서 사용할 수 있는 예산이 미리 정해져 있기 때문에 기업에서는 늘 해당 예산으로 진행할 수 있는 클래스를 찾습니다.

제시한 인원을 수용할 수 있는가?

앞서 말한 것처럼 기업에서는 보통 클래스 예산과 참여 인원이 정해져 있습니다. 그러나 공방 입장에서는 많은 인원이 참여해도 수업이 원활하게 진행되는 아이템이 있는가 하면, 소수의 인원만 참여 가능한 아이템도 있죠. 기업 입장에서는 제시한 인원이 모두 참여할 수 있는 수업을 선호합니다.

준비 사항이 간단한가?

때에 따라 클래스 준비 사항이 간단한지도 묻습니다. 준비 및 마무리도 수업 시간에 모두 포함되기 때문에 되도록 1인 키트로 구성해 간단하게 준비하는 것이 좋습니다.

화재 등 위험 요소는 없는가?

단체 수업은 많은 사람이 동시간대에 참여하는 수업이니 재료를 떨어뜨리거나 엎지르는 등 예상치 못한 크고 작은 사고가 일어날 수 있습니다. 아이템별로 위험 요소가 있는지 미리 파악해주세요. 비누 클래스의 경우 핫플레이트에 피부가 델 수도 있고, 아크릴에 철필로 그림을 그려 만드는 LED 무드등 클래스의 경우 뾰족한 철필에 손을 다칠 수도 있어요. 위험 요소가 있다면 수업 시작 전에 주의 사항으로 꼭 공지해주세요.

난이도는 적절한가?

대부분 어려워서 도중에 포기하지 않고 어느 정도 즐길 수 있는 난이도를 선호합니다. 또 같은 난이도라 할지라도 인원이 많으면 모두를 케어하기가 어렵습니다. 기업 출강은 공방 수업의 초급 과정으로 준비하면 적당합니다.

정해진 시간 내에 모두 완성할 수 있는가?

공방 수업은 20~30분 정도 클래스가 연장될 수 있지만 회사는 클래스 이후 직원들이 업무를 해야 하는 일이 많기 때문에 정해진 시간 내에 모두가 완성품을 만드는 것이 굉장히 중요합니다. 따라서 수업 시간 연장 없이 정해진 시간 내에 완성할 수 있는 아이템을 선호합니다.

만족도가 높은 편인가?

대부분 만족도가 높은 수업을 선호합니다. 공예 수업을 듣는 사람은 새로운 것을 만드는 과정에서도 힐링을 느끼지만, 완성품의 퀄리티가 높을수록 수업도 만족스럽게 생각합니다. 내 손으로 직접 무언가를 만드는 과정에서 도전의식과 즐거움을 느끼기도 하죠. 내 수업이 수업 참여자에게 얼마만큼의 만족도를 주는지 한번 생각해보면 좋습니다.

◆

기업 출강 전후, 작성 서류

기업 출강 전후로 작성해야 하는 서류들이 있습니다. 강의 전 작성 서류로는 강의 계획서와 강사 이력서, 견적서가 있으며, 강의 후에는 전자세금계산서, 거래명세서 등이 있습니다. 처음 접할 수도 있는 서류들이라 긴장될 수도 있지만 작성 방법은 정말 간단합니다.

출강 전 - 강의 계획서

1~2쪽 정도의 간단한 문서입니다. 강의명, 수업 목적, 수업 대상, 소요 시간, 수업 장소, 커리큘럼, 완제품 사진 등 수업 개요에 대해 간략하게 적는 문서예요. 회사에서 제공하는 별도의 양식이 있기도 합니다만 양식이 없는 경우는 자유 형식으로 작성하면 됩니다.

출강 전 - 강사 이력서

핸드메이드 관련 전공이나 취득 자격증, 경력 등을 기재하는 문서입니다. 공방을 하는 분들 중 관련 학과를 졸업하지 않아 걱정하는 분이 많아요. 저도 공과대학을 졸업했고 전공 관련 자격증이 없는데요, 전공과 자격증보다는 실력과 출강 이력이 훨씬 도움이 되더라고요. 외부 출강 경력이 있거나 어필할 수 있는 특별한 이력이 있다면 이력서에 강조해보세요.

출강 전 - 견적서

공급처, 수요처, 날짜, 항목, 수량, 금액을 적는 간단한 양식입니다. 인터넷에 '견적서 양식'으로 검색해 무료 샘플 양식을 다운로드해 간단히 작성할 수 있어요. 참고로 견적서를 작성할 때 공급가액과 부가가치세를 구분해 적어야 합니다. 강의 이후 세금계산서를 발급하고 세금을 관리하는 데 편리해요.

출강 후 - 세금계산서

기업에서 세금계산서 발행을 요청하는 경우 국세청 홈택스 사이트에 접속해 기업에서 요청한 날짜에 맞춰 간단히 발행할 수 있습니다. 일반사업자만 세금계산서 발행이 가능하니 유의해주세요.

출강 후 - 거래명세서

공급처, 수요처, 날짜, 항목 등을 기재하는 문서입니다. 견적서는 제품을 납품하기 전에 작성하는 문서라면 거래명세서는 제품 납품 후 해당 내역을 다시 한번 확인하는 문서입니다.

◆

기업 출강 당일!

지금은 다소 편안한 마음으로 출강을 다니고 있지만 저도 첫 기업 출강 때는 정말이지 많이 긴장되고 떨렸습니다. 첫 출강이 초여름이었는데, 처음 강의장에 들어갔을 때는 냉기가 돌 만큼 에어컨이 굉장히 세게 가동되고 있었던 반면, 수업이 끝나고 나니 제가 이마부터 등까지 땀으로 범벅되어 있더라고요. 그때의 긴장감은 아직도 생생하네요. 행사 당일 어떻게 클래스를 진행하는 것이 좋을지 4년 동안 여러 기업 행사를 다니며 쌓아왔던 저만의 노하우를 공유해보겠습니다.

프레젠테이션으로 공방과 강사 소개

저는 프레젠테이션으로 강의를 시작합니다. 5~10분 정도는 간단하게 공방의 다양한 이력을 소개하는 편이에요. 짧은 시간이지만 행사에 참여하는 분들에게 전문성 있는 공방으로 인식될 수 있습니다.

아이템의 의미와 활용도 소개

프레젠테이션으로 공방을 소개하면서 드림캐처의 의미와 인테리어 팁도 간단히 이야기합니다. 강의에서 만들 아이템으로 실내를 인테리어한 사진을 보여드리면 보는 입장에서 빨리 만들고 싶다는 의욕이 생겨 설레는 기대감을 가지고 수업에 참여하게 됩니다.

샘플 걸어두기

사람들에게 잘 보이는 곳에 샘플 아이템을 걸어둡니다. '이 정도면 예쁘게 잘 만든 정도'라는 기준이 되기도 하고, 강의실에 일찍 도착한 사람들에게는 완성품을 보며 어떻게 만드는 것인지 제작 과정을 상상하게 도와줍니다.

재료 여분 챙기기

단체 키트를 준비하다 보면 꼼꼼히 검수해도 늘 하나씩 실수가 발생합니다. 준비하면서 재료를 빠뜨릴 수도 있고 흠이 있는 재료를 미처 발견하지 못하고 출강 물품으로 준비하기도 하죠. 수업 중간에 재료가 분실되기도 해요. 여러 가지 상황에 대비해서 항상 여유 있게 재료를 준비하는 것이 좋습니다.

초급 난이도로 설정하기

참여하는 사람 모두가 완성할 수 있도록 쉬운 난이도 설정도 중요합니다.

향수나 디퓨저처럼 만들기 쉬운 아이템이라면 별도의 난이도 설정이 필요하지 않지만 드림캐처, 마크라메, 라탄 등 여러 난이도가 있는 아이템이라면 초급 난이도의 아이템을 준비하길 추천드려요.

완성품은 퀄리티가 높도록!

작품을 만들고 나서 기쁜 마음으로 가져가는 사람이 있는가 하면 조금은 아쉬운 마음으로 가져가는 수강생도 있습니다. 이런 경우 마지막에 강사의 터치를 통해 최대한 모양을 잡아주는 요령이 필요해요. 이 부분은 강사의 실력이나 개인의 역량에 맡기겠습니다.

◆

저는 기업에서 선호하는 항목이 많이 없는데, 어떡하나요?

앞에서 소개한 '기업에서 원하는 출강' 9가지 항목을 보고 이런 걱정을 하는 분이 많습니다. 이럴 때는 기업 출강에서 선호하는 아이템이 되도록 아이템에 조금씩 변화를 주세요.

예를 들어 석고 방향제 클래스의 경우 준비물로 '석고 가루, 몰드, 볼, 스틱, 아크릴 물감, 꾸미기 재료'가 있다고 가정하겠습니다. 수강생들이 공통적으로 사용하는 아크릴 물감과 꾸미기 재료는 테이블 중앙에 두고, 석고 가루나 몰드, 볼, 스틱은 1인 키트로 구성해 준비 시간을 최대한 줄여 클래스를 수월하게 진행할 수 있도록 하는 것입니다. 또 아이템을 꾸밀 수 있는 재료를 좀 더 추가해 흔히 알던 디자인이 아닌 특별한 디자인의 아이템이 나오도록 유도할 수도 있습니다. 앞서 기업에서 원하는 출강에 소개된 모든 항목을 다 갖출 필요는 없습니다. 다 갖출 수 있는 아이템도 많지 않고요.

일단은 앞선 내용들로 '기업 행사 담당자들의 심리는 이렇다'라는 점을 여러

분들께 알려드리고 싶었습니다. 보통 기업에서는 매달 다른 아이템으로 클래스를 진행하기 때문에 내 아이템에 무언가 조금 걸리는 부분이 있다 하더라도 기업에서 해본 적 없던 새로운 아이템이라면 체험해보려 할 것이라는 점 또한 기억해주세요.

브랜드 콜라보의 모든 것

7가지 생생한 콜라보 사례 & 경험이 없어도 콜라보 제안받는 법

브랜드 콜라보 전 과정에 대해 알아보겠습니다. 출강은 한 달 전쯤 담당자로부터 연락이 온다면 브랜드 콜라보는 두 달 전부터 문의가 오기 시작합니다. 이 역시 대부분 메신저로 연락이 왔었는데요. 간단히 자사의 브랜드 제품을 보여주며 유사한 디자인으로 수공예 아이템(제 경우 드림캐처) 제작이 가능한지 문의가 옵니다. 가능하다고 대답하면 브랜드 측에서 대략 일주일 정도 시간을 주는데, 이 기간 동안 열심히 시안을 만들어 제출합니다.

    출강의 경우 담당자에게 연락이 온 첫날 거의 출강이 확정되었다는 생각이 드는 반면, 브랜드 콜라보는 시안을 제출하고 나서도 그렇게까지 큰 확신이 서지는 않습니다. 대략 60~70% 정도 확정되었구나 마음속으로 생각합니다.

    브랜드 콜라보는 아무래도 브랜드 이미지와 관련된 중요한 사항이다 보니 브랜드 측에서 하나의 공방에만 시안을 요청하지 않고 다른 공방에도 문의해 여러 아이템 시안을 받습니다. 그렇게 받은 여러 시안 중 회의를 거쳐 가장 마음에 드는 디자인 하나를 고르는 것이죠. 시안 제출 후 진행이 확정되었다고 해

× 브랜드 콜라보 전 과정

D-60	D-53	D-52~30	D-21~7	D-DAY
・담당자 연락 수신(카카오 플러스 친구, 이메일 등) ・문의에 답변(일정, 견적, 디자인 의뢰)	・시안 제출	・디자인 업데이트 ・디자인 최종 확정	・콜라보 준비 (클래스 및 완제품 납품을 위한 재료 구입, 제작)	・행사 진행, 납품

60~70% 결정!

서 최종적으로 디자인까지 확정된 것은 아닙니다. 최소 2~3주 동안은 지속적으로 디자인을 업그레이드하는 작업을 거칩니다. 제 경우 행사 2주 전까지 디자인 수정이 있던 날도 있었어요. 디자인 수정 작업을 통해 최종 디자인이 결정되면 본격적으로 콜라보를 준비합니다. 콜라보는 크게 '클래스'와 '답례품 제작' 두 가지 방식으로 나뉩니다. 그다음에는 각 방식의 제작에 필요한 재료를 구입하고 행사 준비를 시작하죠.

브랜드 콜라보 과정을 살펴보니 출강은 그나마 쉬운 편에 속하는구나 하는 생각이 들지는 않나요? 실제로 브랜드 콜라보는 품이 꽤 드는 일이라서 저는 이 일이 시작되면 꼭 해야 하는 업무 이외에 다른 업무들은 잠시 내려놓고 콜라보 행사에만 집중하고 있습니다.

◆

경험이 전무했지만 콜라보를 진행할 수 있었던 이유

제가 브랜드 콜라보를 처음 진행했던 브랜드는 패션&뷰티 브랜드 안나수이였습니다. 당시에는 그게 콜라보인 줄도 몰랐다가 나중에 깨달았죠. 사업자등록

중을 내서 정식으로 공방을 운영하던 상황이 아니었고, 뾰족한 아이템도 없던 상태였거든요. 회사를 그만두고 3개월 차, 쉐어공방에서 여러 작업물을 만들어 내며 아이템과 콘셉트를 찾던 시기였어요.

안나수이 콜라보 제안 내용은 이러했습니다. 안나수이에서 화장품 파우더가 신제품으로 나왔는데 파우더를 본떠 드림캐처로 제작이 가능할지, 가능하다면 그림 시안을 받을 수 있을지 물어 왔어요. 그때 당시 저는 공방의 제품 디자인 구상에 도움이 될 것 같아 그림을 잠깐 배우고 있었는데요, 문의받은 제품 디자인 도안을 그려서 보내는 것도 가능하겠다는 생각이 들어 곧바로 "그릴 수 있다."라고 답했습니다. 앞으로 공방을 꾸준히 이어가려면 이 기회는 무조건

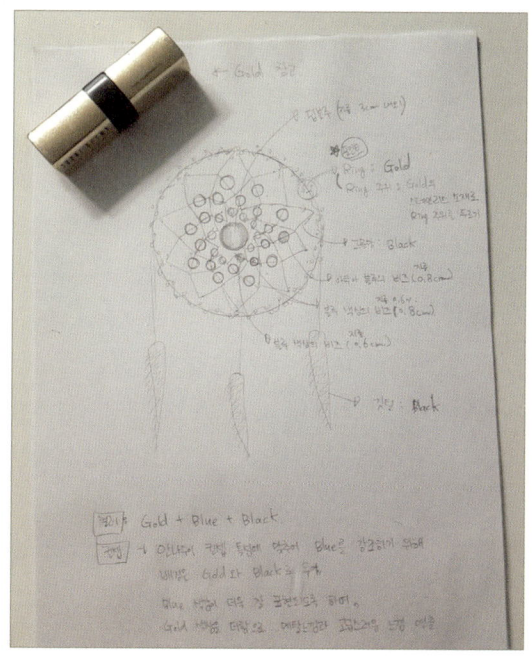

안나수이 콜라보 제안을 받았을 당시 제출한 디자인 시안

잡아야겠다는 생각이 들었어요.

하지만 처음에 본뜨 만들 화장품 사진을 받았을 때는 이 제품이 어떤 느낌인지, 어떻게 드림캐처로 콘셉트를 잡아야 할지 전혀 감이 오지 않았습니다. 백화점을 가야 하나 고민하다가 인터넷으로 다양한 각도의 해당 제품 사진을 찾아봤어요. 제품이 내 머릿속에서 선명하게 이해될 때까지 이런 식으로 리서치를 먼저 했습니다. 그러다 콘셉트가 잡혀 그림을 그리려고 했는데 아차, 집에 필기구라고는 샤프 한 자루뿐이었습니다. 종이도 넉넉치 않았죠. 드림캐처의 외형을 잡아줄 컴퍼스도 없었어요.

그러나 답이 없는 건 아니었습니다. 저는 부엌에 있는 머그컵을 가져다 원을 그리고, 책상 위에 덩그러니 있던 립스틱을 도안 위에 올려놓고 색감을 설명했습니다. 네, 설명이요. 색을 칠할 수 있는 여유도 없었거든요. 하지만 최대한 제 머릿속에 생생하게 떠오른 디자인 아이디어를 표현하기 위해 자세히 그려 냈습니다. 어설프지만 진심을 담은 디자인이었죠. 제품으로 구현한다면 분명 아주 아름다울 드림캐처였어요.

그렇게 콜라보 제품 제작을 시작으로 안나수이와는 VIP 고객을 위한 드림캐처 만들기 클래스부터 백화점 MVG 클래스까지 여러 번 행사를 함께할 수 있었어요. 감사하게도 고객들의 반응이 좋았던 덕분이었습니다.

나중에야 행사를 진행하며 한결 친해지게 된 안나수이 담당자님께 그동안 정말 궁금했던 내용을 여쭤봤습니다. 제가 브랜드 콜라보 및 출강 경험이 전혀 없었는데도, 어떻게 저를 선택하셨냐고요. 그러자 담당자님께서 이렇게 말씀해주셨어요. "처음 그려주셨던 시안이 정말 예쁘고 정성스러워서요! 팀장님께 보여드렸더니 그림을 보고 감동받으셔서, 무슨 일이 있어도 꼭 여기에서 하자고 강력하게 말씀하셨어요."

◆

어떻게 하면 브랜드 콜라보 제안을 받을 수 있을까요?

앞으로 계속 강조하겠지만 <mark>차별성 있는 디자인</mark>이 가능해야 합니다. 기존의 다른 핸드메이드 제품과 유사한 디자인을 갖고 있다면 기업 입장에서는 더 크고 유명한 공방, 다양한 경험이 많은 공방과 함께 일하려 할 거예요. 이 모든 것을 깨뜨릴 수 있는 것이 차별성 있는 디자인입니다. 아직 콜라보 경험이 많지 않은 상황에서는 더욱 더 꼭 내 제품을 선택해야만 하는 이유를 만들어내야 하는 것이죠.

두 번째로 중요한 요소는 <mark>신뢰감</mark>입니다. 안나수이 담당자님께 전해 듣기로, 콜라보를 진행할 당시 다른 드림캐처 공방에도 그림 시안을 요청했지만 도안을 그려줄 수 있다고 답한 공방이 거의 없었다고 합니다. 브랜드와 함께 일하고 싶다면 드로잉이나 일러스트 작업은 필수입니다. 기업이나 브랜드에서 연락이 왔다면 기업의 니즈를 정확하고 세심하게 파악하려고 노력하는 것이 중요합니다. 내가 제공할 수 있는 부분, 반영하지 못하는 부분을 명확히 말하고, 정해진 시간에 계획된 업무를 완수하는 등 신뢰감을 바탕으로 업무를 처리해야 합니다.

◆

조슬린's 브랜드 콜라보 사례

실제로 제가 진행했던 7가지 브랜드 콜라보 사례입니다. 각 콜라보마다 디자인 시 가장 중점적으로 둔 요소들과 콜라보 비하인드 등 독자 여러분께서 궁금해 할 만한 자세한 내용을 담아보겠습니다.

안나수이(ANNA SUI)

안나수이 '브라이트닝 페이스 파우더 미니×드림캐처' 콜라보

앞서 설명한 안나수이 사례입니다. '브라이트닝 페이스 파우더 미니'라는 제품을 본떠서 드림캐처를 만들었어요. 처음 시안을 만들고 최종 디자인으로 결정이 날 때까지 거의 한 달 정도가 걸렸습니다. 초창기에는 많이 엉성했는데, 열심히 작업하는 모습을 보이자 담당자분이 원하는 방향도 자세히 말씀해주셔서 결국 서로 간에 흡족한 디자인이 탄생하게 되었습니다.

콜라보 제품 제작 후 안나수이 직원들을 대상으로 드림캐처 만들기 클래스를 진행했는데, 그 수업에서도 만족스러운 결과가 나오자 안나수이에서 VIP 고객을 대상으로 컬처 클래스를 진행하고 싶다고 제안했습니다. 그렇게 시작한 안나수이 VIP 클래스가 인기가 좋자, 나중에는 롯데백화점 MVG 클래스 진행도 제안받게 되었죠. 한 번 신뢰를 쌓아두면 그다음부터는 서로 협업이 훨씬 수월해진다는 것을 느꼈습니다.

① 재료

디자인을 하며 가장 중점으로 두었던 것은 재료와 핵심 컬러, 비율이었습니다. 파우더 케이스가 정말 예뻤기 때문에 그 질감을 드림캐처 재료로 잘 표현해내는 것이 무엇보다도 중요했어요. 완성한 드림캐처를 보면 제품 중앙의 동그란 모양의 큐빅을 중심으로 작은 삼각형 큐빅들이 모여 있는데요. 중앙의 큐빅과 원을 둘러싼 삼각형 큐빅은 모두 소재가 유리예요. 드림캐처는 대부분 저가형 재료들을 많이 사용하지만 안나수이 브랜드에 어울리게끔 유리를 드림캐처에 장식했더니 훨씬 고급스러운 분위기가 연출되었습니다. 드림캐처 공방을 시작한 지 4년이 넘었는데도 아직까지 유리로 드림캐처를 장식한 다른 사례는 본 적이 없네요.

② 핵심 컬러

먼저 파우더 케이스에서 자주 사용한 컬러들을 뽑아 골드, 그린, 블루 세 가지 색상을 핵심 컬러로 정했어요. 드림캐처 링은 국내에서 도금된 골드 색상으로 사용했고, 링 안의 유리 장식과 깃털에다 그린과 블루 색상을 적절히 사용했습니다.

③ 비율

안나수이의 경우 드림캐처에 재료가 많이 들어가기 때문에 '비율이 조금이라도 달라지면 자칫하다가 완전히 다른 모양이 나올 수도 있겠다'는 생각이 들었어요. 따라서 먼저 파우더 케이스의 재료들을 자로 하나하나 재보고, 그 비율에 맞춰 적당한 드림캐처 재료를 찾아 제작했습니다. 공방을 운영하는 분들은 아시겠지만 재료를 직접 제작하는 것이 아니라면 원하는 크기이면서도 콘셉트에 어울리는 재료를 찾는 것이 얼마나 어려운 일인지 알 거예요.

안나수이 브랜드 콜라보는 시중에는 없던 드림캐처 매듭 방법을 개발하게 된 계기가 되기도 했습니다. 원래는 드림캐처에 장식된 삼각형 모양의 유리가 중력을 따라 아래로 쳐져야 하는데, 안나수이 드림캐처는 중력을 거스르도록 매듭을 지어, 유리가 아래가 아닌 중앙으로 한데 모이게 만든 것이죠. 이 매듭법을 개발한 덕분에 다른 드림캐처들도 수월하게 디자인하고 있습니다.

LG하우시스(현 LX하우시스)

LG하우시스 '환경부 녹색매장 선정 기념 드림캐처' 콜라보

안나수이 콜라보 다음 달, LG하우시스와도 콜라보를 진행하게 되었습니다. LG하우시스 지인스퀘어가 환경부에서 녹색매장으로 선정되었는데 이를 기념하고 싶다고 콜라보 제안이 들어왔어요. 안나수이 콜라보는 약 한 달이라는 시간이 걸렸지만 LG하우시스부터는 굉장히 짧은 시간에 디자인이 가능했습니다. 제품 기획, 재료 구입, 샘플 제작, 최종 디자인 확정까지 일주일 만에 신속하게 진행했어요.

① 친환경 콘셉트

LG하우시스에서는 '녹색매장'과 어울리는 친환경 콘셉트로 드림캐처를 제작하기를 원했어요. 따라서 중앙에는 포인트가 되는 꽃 모양의 펜던트를, 그 주위로는 길쭉한 연두색과 초록색 모양의 펜던트를 달았습니다. 바람에 휘날리는 나뭇잎 모양을 형상화했죠.

② 핵심 컬러

여러분은 '친환경'이라고 하면 어떤 색이 떠오르시나요? 보통은 초록색, 하늘색 등 굳이 인위적인 색을 입히지 않아도 자연에서 발견할 수 있는 색상을 떠올리죠. 저 역시 자연하면 떠오르는 초록색과 하늘색을 핵심 컬러로 두고 작품을 디자인했습니다.

③ 하늘하늘한 느낌

의뢰를 받을 때 담당자가 '드림캐처가 풍성하고 하늘하늘한 느낌이 나면 좋겠다'는 의견을 전했었습니다. 따라서 보통 제가 디자인하던 드림캐처보다 약 2~3배 정도 깃털을 더 추가해 풍성한 느낌을 냈어요. 지금은 이 제품이 공방의 스테디셀러가 되었습니다. 바람이 불면 살랑살랑 깃털이 흔들거리면서 보기만 해도 사랑스럽고 기분이 좋아지는 디자인입니다.

엘리자베스아덴(Elizabeth Aden)

세 번째로 콜라보했던 곳은 화장품 브랜드 엘리자베스아덴입니다. 디자인 기간은 이제껏 가장 짧게 3일 정도가 걸렸습니다. 브랜드 직원 대상 문화 클래스로 콜라보가 진행되었어요. 분기별로 진행되는 회사 워크숍 안의 힐링 프로그램으로서 브랜드 화장품을 본뜬 드림캐처 만들기 단체 클래스였습니다.

엘리자베스아덴 '레티놀 캡슐 세럼×드림캐처' 콜라보

① 캡슐 모양

가장 중점을 두었던 부분은 화장품, 즉 캡슐의 모양이었습니다. 실제 캡슐과 똑같은 모양의 재료는 찾을 수 없었기 때문에 링 내부는 캡슐 느낌이 나는 원형 크리스탈들로 장식했어요. 금속 링은 핑크색 리본으로 감쌌는데, 100% 모두 감싸지 않고 3/4 정도만 감싸서 조금이나마 캡슐 느낌이 나도록 연출한 것도 특징입니다.

② 핵심 컬러

제가 본뜬 화장품은 엘리자베스아덴의 세럼 제품이었는데요. 이 세럼은 골드 색상의 데일리 세럼과 핑크 색상의 레티놀 세럼 두 가지 종류가 있었습니다. 세럼 색상을 참고해 골드와 핑크 두 가지 색상을 핵심 컬러로 두고 디자인했어요. 드림캐처 상단은 핑크, 하단은 골드로 이 두 핵심 컬러를 적절히 활용했습니다.

③ 제품의 효능

콜라보를 할 때 브랜드와 브랜드의 대표 제품에 대한 정보를 찾아보곤 합니다. 엘리자베스아덴과 콜라보할 때도 세럼의 소개 자료를 읽어보며, 제품에 들어간 성분을 드림캐처 재료로 확장해 생각하기 시작했어요. '세라마이드→튼튼한 피부 장벽→보호→면 소재' 이런 식으로요. 저는 피부를 보호하는 세라마이드 성분에 대한 생각이 피부에 가장 밀접하게 닿아도 안전하고 포근함이 느껴지는 면으로 이어졌고, 이것이 링을 감싸는 면 리본으로 이어졌습니다. 제품의 효능을 재료와 촉감으로 표현한 사례가 되었죠.

구찌(GUCCI)

구찌 '블룸 오 드 퍼퓸×드림캐처' 콜라보

경험했던 콜라보 중 두 번째로 어려웠던 사례입니다. 엘리자베스아덴과 마찬가지로 구찌 브랜드 직원들을 위한 문화 클래스로 진행되었으며, 구찌 블룸이라는 향수를 본떠서 드림캐처를 디자인했어요. 꼬박 일주일을 거쳐 디자인했고 사각형 틀을 자체 제작하는 등 새로운 아이디어를 많이 냈던 사례입니다. 난이도도 높았던 터라 정말 기억에 많이 남습니다.

① 사각형 모양의 틀

'도대체 저 사각형의 향수병을 어떻게 표현해야 하지?' 서울에 있는 재료 상가들을 모두 발로 뛰어다니며 재료를 찾아보고 고민했었습니다. 그렇게 도매시장을 돌아다닌 지 3일째 되던 날, 도저히 사각형 틀을 찾는 것은 불가능하다는 결론을 내리게 되었고, 차선책으로 틀을 자체 제작할 수 있을지 고민하게 되었습니다.

쉐어공방에서 지냈을 때 석고 방향제를 만들었던 작가님이 마침 떠올랐습니다. 그때 석고 방향제로 드림캐처 틀을 한번 만들어볼까 생각했습니다. 처음 하는 작업이라 잘할 수 있을지 걱정도 되었지만 여러 테스트 끝에 드림캐처 틀을 자체 제작하는 데 성공했습니다.

② 핵심 컬러

핵심 컬러는 제품의 색상을 본떠서 베이비핑크, 딥그린, 블랙으로 정했습니다. 메인 컬러인 베이비핑크로 석고 방향제 틀을 만들고, 서브 컬러인 딥그린을 활용해 프리저브드 플라워를 매단 다음 그물망 내부는 블랙 펜던트로 포인트를 주었어요.

③ 제품의 향기

제품 설명을 찾아보던 중 '싱그러운 정원의 향기'가 난다는 리뷰가 많은 것을 확인할 수 있었습니다. 드림캐처는 좋은 꿈이 깃털을 타고 내려온다는 속설 때문에 대부분 깃털을 재료로 사용하고 있는데요, 이번에는 구찌 블룸만의 싱그러운 정원의 향기를 온전히 표현하고 싶어, 드림캐처 주재료인 깃털 대신 프리저브드 플라워를 아래에 매달아 활용했습니다.

④ 활용성

석고 방향제는 제작 시 오일을 넣거나 향을 뿌려서 사용하곤 합니다. 석고가 향을 머금고 있다가 은은하게 향기를 뿜어주는 역할을 하기 때문이죠. 따라서 구찌 블룸이라는 향수에 석고 방향제 틀로 만든 드림캐처가 정말 '찰떡'이라는 생각이 들었습니다. "원형 드림캐처만 생각했는데, 사각형 드림캐처도 있구나." "향기가 나는 드림캐처도 있네?"라며 구찌 직원분들도 굉장히 많은 관심을 주시던 드림캐처였어요.

코리아나(COREANA)

코리아나 '라비다 에센스×드림캐처' 콜라보

구찌가 두 번째로 어려웠던 콜라보 경험이었다면 가장 어려웠던 경험은 코리아나와 협업했을 때입니다. 대부분 제가 콜라보했던 드림캐처들은 가로 10cm, 세로 40cm 정도의 소형 사이즈로 제작되었어요. 코리아나의 경우 가로 80cm, 세로 220cm의 초대형 사이즈로 제 키보다도 훨씬 컸죠. 디자인 협의만 약 2개월 동안 진행되었습니다. 크기가 큰 만큼 재료도 많이 들어갔고, 제작 비용이 높아지니 미팅을 굉장히 많이 했어요. 코리아나 디자인팀 직원들과 그림 시안에 대해 구체적인 회의를 여러 차례 거쳤어요. 실제 대형 드림캐처를 제작하기 전, 샘플 재료들도 사전 협의해 진행했습니다. 대면 미팅은 서너 차례 정도 진행되었고, 순수 드림캐처 작업 기간은 1개월이라는 시간이 걸렸어요.

당시가 12월이었던 터라 크리스마스, 연말 등의 이벤트로 커플 데이트 클래스며 개인 일정까지 정말 바빴어요. 그러나 처음 생각했던 것보다 작업 시간이 많이 걸려, 연말 모임도 가지 않고 작업에 몰두했습니다. 당시에는 대형 드림캐처를 제작해서 제가 내세울 수 있는 포트폴리오를 한 개라도 더 쌓는 일이 무엇보다 중요했고 또 간절했습니다.

가장 어려웠던 점은 재료 구입 시 시행착오가 굉장히 많았다는 점이에요. 크기가 작은 재료들은 쉽게 구해 작업할 수 있는데, 대형 사이즈의 재료는 취급하는 곳이 많이 없으니 재료 값이 상점마다 천차만별이었습니다. 지름 80cm 골드링의 경우 주문 제작을 해야 했기에 직접 받는 데까지 2주라는 시간이 걸렸어요. 드림캐처 하단 부분도 대형 금속 체인을 활용해 깃털과 샹들리에를 다는 일이었기에 시행착오가 굉장히 많았지만 제일 뿌듯했고 자랑스러운 경험입니다.

① 119 펜던트

코리아나에서는 매년 본사에서 시행하는 '119 프로젝트(소비자가 코리아나 라비다 에센스 1병을 구입하면 그 수익의 일부로 백신 1개를 구입하고, 그 백신으로 아이 한 명을 9하는 프로젝트)'의 일환으로 119개의 크리스탈을 단 드림캐처 제작을 요청했어요. 상징적인 의미에 맞게 119개 펜던트가 균형을 이루도록 노력해 드림캐처 그물망에 아름답게 장식했습니다.

② 플리츠 모양

라비다 에센스에는 주름처럼 잡힌 긴 띠 모양이 있습니다. 이 모양을 플리츠 모양라고 하는데, 대형 드림캐처에 플리츠 모양으로 119개의 펜던트를 장식했어요.

③ 핵심 컬러

핵심 컬러는 제품 케이스를 본떠서 투명색과 골드로 정했습니다. 이 당시가 2019년을 신년으로 맞기 직전이었는데, 2019년이 기해년(황금 돼지띠)이니, 황금색으로 대형 드림캐처를 만들자는 의견도 있었죠.

지프(JEEP)

지프 '서초 전시장 VIP 클래스×드림캐처' 콜라보

그다음 해 여름에는 자동차 브랜드인 지프와 콜라보를 진행했습니다. 시승 행사장을 찾은 고객들을 대상으로 클래스를 진행했는데요. 자동차 브랜드에 어울리도록 드림캐처를 차량용 사이즈로 제작했습니다.

당시에 여러 클래스를 동시에 개최했는데, 안전을 기원하는 드림캐처가 정말 많은 인기를 받았어요. 디자인은 일주일 정도가 걸렸습니다. 지프 브랜드를 애정하는 고객들이 세상에 단 하나뿐인 드림캐처를 직접 만들며 즐거운 추억을 쌓고 돌아갔습니다.

'크기가 작으면 만들기 더 간편하지 않나요?' 하고 묻는 분들이 있을 텐데요. 그렇지 않습니다. 드림캐처는 작은 사이즈로 만드는 것이 훨씬 더 어려워요. 섬세한 작업이 필요하기도 하고, 작은 사이즈에 브랜드 느낌을 축약해서 담아내야 하기 때문이죠.

① 브랜드 이미지

차량용으로 만들기로 한 만큼 드림캐처가 가로 4cm, 세로 20cm 정도 되는 작은 크기였는데요. 이 작은 크기에 어떻게 지프의 느낌을 잘 살려낼 수 있을까 스스로 고민을 많이 했습니다. 이번에도 역시 브랜드에 대해 공부하면서 지프만이 풍겨내는 사막의 느낌과 자연주의적 느낌을 알아차릴 수 있었고, 사막과 잘 어울리는 마 소재의 끈을 메인 재료로 활용해서 디자인을 시도했습니다. 평소 사용하던 재료와 다른 소재를 선택한 것이죠. 끈의 종류가 달라지니 풍기는 느낌도 매우 달라졌어요. 가볍고, 거칠고, 자연스러운 느낌이라고 할까요?

② 브랜드 시그니처

테두리는 둘렀는데 중앙 그물망 장식은 어떻게 해야 할까 고민하다가 지프만이 가지고 있는 브랜드 시그니처, 즉 자동차 앞면의 그릴이 떠올랐습니다. 지프에만 있는 이 그릴 모양을 간략히 형상화해 드림캐처 내부에 사각형 그물망으로 거미줄을 짜서 디자인하기로 생각했어요.

③ 활용도

클래스는 지프 서초 전시장에서 진행되었어요. 전시용 차의 룸미러에 샘플을 걸어두었더니 방문하는 고객들이 숨은 그림을 찾듯 드림캐처를 찾으며 즐거워했어요. 1인당 클래스 시간이 20분으로 할애되었는데, 짧은 시간 안에 브랜드 느낌이 나는 드림캐처를 만들 수 있어 방문한 고객들도, 행사 담당자들도 모두 만족해한 클래스였습니다.

폭스바겐(Volkswagen)

폭스바겐 '2020 media day Volkswagen forest×드림캐처' 콜라보

폭스바겐 콜라보는 제가 참여했던 행사 중 가장 큰 행사였습니다. 신차 출시 기념 설명회였는데, 방문한 기자들에게 즉석에서 폭스바겐 드림캐처를 답례품으로 만들어 제공했죠. 폭스바겐 로고가 달린 귀여운 드림캐처를 보면서 빨리 받고 싶어 하던 분들이 생각나네요.

폭스바겐의 경우 약 2주에 걸쳐 4개의 시안을 만들며 계속 디자인을 업그레이드했어요. 드림캐처 디자인이 사장님 회의까지 올라갔더라고요. 그물망이 워낙 촘촘해 1개당 약 2~3시간 정도의 제작 시간이 소요되었고, 10일 만에 120개의 드림캐처를 완제품이 아닌 반제품 형태로 제작해 행사에 참여했어요.

① 브랜드 컬러

폭스바겐의 브랜드 컬러는 파란색이었습니다. 그러나 한 가지 색상으로만 디자인을 하게 되면 자칫 단조로워지고 중후한 느낌이 날 수 있기 때문에 채도가 다른 다양한 블루 계열의 깃털을 조합해 다채롭고 화려하면서 세련된 느낌이 나도록 드림캐처를 디자인했어요.

② 동양적인 느낌

한국에서 개최되는 행사인 만큼 동양적인 느낌이 잘 표현되도록 디자인해 달라는 요청을 받았습니다. 따라서 폭스바겐 브랜드 컬러인 블루를 메인 컬러로 가져가되, 버건디를 세컨드 컬러로 정했어요. 버건디의 경우 고급스럽고 분위기 있는 컬러지만 너무 많이 사용하면 무겁게 느껴질 수 있어서 가볍고 산뜻한 컬러감의 깃털을 배치해 동양적이면서 세련되게 디자인했죠.

③ 활용도

폭스바겐 드림캐처는 제가 공방에서 제작하고 있는 차량용 드림캐처 중 크기가 큰 편에 속했습니다. 평소에는 가로 4cm로 제작하는데 폭스바겐의 경우 가로 6cm 링으로 제작했어요. 크기가 너무 작지 않은 편이라 자동차 액세서리는 물론 침실 인테리어용으로도 손색이 없어 활용도를 높일 수 있었습니다.

◆

아직 경험이 없는데, 어떻게 기회를 잡을 수 있을까요?

거듭 말하지만, 디자인을 차별화한 후 지속적으로 SNS에 노출하세요. 저도 경력이 거의 없었던 상태였지만 저만의 개성을 살려 드림캐처를 디자인하니 좋은 제안이 들어오기 시작했습니다. 미숙하게나마 제가 만든 작품들을 SNS에 업로드하지 않았다면 결코 주어지지 않았을 기회들이었습니다. 물론 누군가는 제품을 잘 만드는 것이 우선이고 그것이 전부라고 생각할 수 있습니다. 하지만 제품을 잘 만드는 것은 기본이고, 얼마나 디자인을 차별화할 수 있는지가 공방 성장의 관건이라고 생각해요. 공방에서 아무리 제품을 잘 만든다고 해도 작품을 알리지 않으면 찾아와주는 사람이 없을 겁니다.

많은 수강생이 "다른 비법이 있을 것 같아요." "뷰티 계열에 인맥이 있는 것

아닌가요?" "소개를 받았나요?" 하는 질문을 많이 주시는데요. 정말로 전혀 없었습니다. 친구들은 전부 공무원에, 이전 직장 동료들은 다시 말씀 안 드려도 아실 테지만 공공기관 사람들이었고, 가족들은 시골에 있는 데다 형제자매들 모두 뿔뿔이 흩어져 각자도생하느라 정신이 없었어요. 많은 기회를 만들어낼 수 있었던 비결은 이 책에서 모두 설명드렸습니다.

기본이 가장 중요하다고 생각해요. 어쩌면 기본기가 성공의 모든 조건일 수도 있습니다. 제품을 잘 만드는 것뿐만이 아닌, 지속적으로 디자인을 구상하고 끊임없이 홍보를 이어가는 것도 공방 사업의 기본기라고 생각하셨으면 좋겠어요. 결국 아무런 인맥이 없던 제가 초창기에 브랜드와 콜라보할 수 있었던 이유는 제품을 독창적으로 디자인했고, 지속적으로 SNS에 노출했던 덕분이라고 생각합니다.

콜라보 관련 에피소드가 하나 더 있는데요. 사실은 다음의 사진이 저를 브랜드 콜라보의 세계로 이끈 계기가 된 사진이랍니다. 삼국시대 신라의 왕실을 콘셉트로 디자인해본 '신라 왕자 드림캐처'인데요. 제가 블로그에 올린 이 사진 하나를 보고 안나수이에서 저에게 연락을 주었거든요. "이 드림캐처가 너무 예쁘고 독특해서 연락드려요. 혹시 브랜드 제품을 본떠서도 드림캐처 디자인이 가능하신가요?" 처음 문의를 받았던 그날이 생생합니다. 제가 블로그에 사진을 올린 게 2018년 4월이었고, 바로 다음 달인 5월에 연락이 온 것이었어요. 당시 제 블로그의 일일 방문자 수는 50명도 채 안 되던 병아리 시절이었습니다. 이는 무엇을 뜻할까요?

현재 자신이 운영하는 SNS의 방문자 수가 적을지라도 기업 담당자들은 어떻게 해서든 자신의 브랜드에 어울리는 공방을 찾아냅니다. 유명한 공예가와 협업하고자 하는 경우라면 내정되어 있는 공예가가 이미 있겠지만 제품과 디자인에 초점이 잡힌 일이라면 누가 되었든지 브랜드의 이미지를 잘 이해하고 표현할 수 있는 사람과 함께 일할 것이기 때문이죠. 제품 디자인에 차별점을 두고, 미숙하더라도 자신감을 갖고, 지속적으로 SNS에 내 아이템을 노출해보세

안나수이 문의가 들어오게 된 '신라 왕자 드림캐처'

요! 가장 확실하고 빠른 방법입니다.

◆
드라마 소품 제작 전 과정

기업 출강과 브랜드 콜라보 외에 드라마 소품을 제작한 적이 있습니다. 2019년 tvN에서 방영되었던 지창욱 주연의 <날 녹여주오>라는 드라마였어요. 알코올

중독자였던 주인공이 "소주병으로 드림캐처나 만들어야겠다."라는 대사를 하는 장면이 나오는데, 이 대사 때문에 제 공방에 소주병 드림캐처 제작 의뢰가 들어왔습니다.

드라마 소품 제작은 대략 이런 식으로 진행됩니다. 드라마나 영화의 경우 소품 감독님이 별도로 있어요. 제작 의뢰가 들어오면 소품 감독님과 콘셉트 디자인과 비용에 대해 협의합니다. 그다음 소품팀에서 내부 회의를 거쳐 최종 결정이 나면 작품 제작을 시작해 피드백을 받아 디자인을 업그레이드하며 작업이 진행됩니다.

소주병 드림캐처

사실 소주병 드림캐처는 정말 간단하게 제안이 들어왔어요. "메인 컬러는 블랙과 핑크입니다. 플라스틱 소주병을 메인으로 사용해서 가로 70cm, 세로 80cm 이상의 크기로 완성품을 제작해주세요. 되도록 통통 튀게 디자인해주세요." 이게 전부였습니다. 그만큼 저 혼자서 고민해야 하는 부분이 많았습니다.

드라마 소품 협찬으로 쓰인 '소주병 드림캐처'

작품을 디자인하는 데 있어서 재료 선택과 재료를 보는 안목은 굉장히 중요합니다. 소주병은 흔하지 않은 소재였고 무엇보다 아무리 생각해도 도무지 예쁘게 디자인할 수 없는 소재였어요. 따라서 예쁘게 드림캐처를 만드는 것보다는 통통 튀는 콘셉트에 집중해 드림캐처를 제작했습니다.

이번 5장에서는 정말 많은 분이 궁금해했던 공방 수익의 꽃, 기업 출강과 브랜드 콜라보 과정에 대해 얘기하면서 작게나마 드라마 소품 제작 노하우까지 저만의 특별한 경험과 인사이트들을 나눠봤습니다. 이 책을 읽고 있는 독자분들의 차별성 있는 작품도 기업의 제안을 받아 더욱 싹을 틔우고 성장할 수 있길 바랍니다.

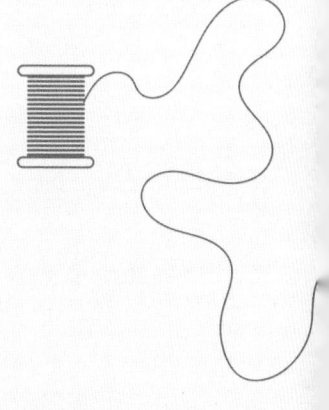

6장

실전 공방 창업 시뮬레이션

지금 당장 공방을 시작한다면 해야 할 것

창업 전 체크리스트 확인부터 공방 매물 검색과 계약, 사업자등록까지

지난 글들에서 핸드메이드 아이템별 특징, 공방의 유형과 운영 방법, 수익 구조별 장단점 등 공방 운영에 대해 전반적으로 알아보았습니다. 이번에는 그동안 학습한 내용을 바탕으로 저와 독자분들이 함께 공방 창업 시뮬레이션을 하는 시간이에요. 지금 당장 공방을 시작한다는 마음으로 함께해주세요!

공방 창업 전, 체크리스트!

먼저 공방 창업 전 체크리스트를 확인합니다. 아래의 내용만 대략적으로 정해도 공방 창업의 밑그림을 그릴 수 있습니다.

1. 아이템 선정: 향수, 라탄, 비누, 캔들, 플라워, 마크라메, 가죽 등 여러분이 시

작하고 싶은 아이템
2. **공방 이름 짓기:** 아이템, 콘셉트, 하는 일 등을 감성적으로 표현한 공방 이름
3. **수익 창출 구조 설정:** 온라인 판매, 오프라인 판매, 클래스, 출강 등 나의 성향에 맞는 수익 창출 구조
4. **공방 스케줄표 작성:** 공방 운영 3-Step을 바탕으로 한 전업·투잡 등 개인 상황에 맞는 일주일 또는 한 달 스케줄표

◆

매물 검색

2장의 '나에게 꼭 맞는 공방 매물 찾는 법'에서 언급했던 네이버 카페 '문화상점'과 '작업실 커뮤니티 레인보우큐브' 사이트를 통해 공방 매물을 찾을 수 있습니다. 마음에 드는 매물을 발견하지 못했을 경우 네이버에 '(지역명)+공방'을 입력해 검색하거나 해당 지역 부동산을 방문해 매물을 찾아보세요.

◆

매물 선택과 계약

마음에 드는 공방을 찾았다면 상가를 계약하기 전에 꼼꼼하게 살펴볼 사항들이 있습니다.

쉐어공방

월세와 관리비, 공과금 등 기본적인 고정 지출 비용을 확인하세요. 함께 일하는 작가님들의 아이템, 해당 아이템들의 특성 등 장소를 함께 쓰게 될 때 발

생할 수 있는 트러블을 미리 예측해보세요. 편의 시설(에어컨, 난방, 프린터, 개별 사용 공간, 수납함, 냉장고, 정수기 등)을 꼼꼼히 살펴보세요. 기본적으로 제공되는 것과 별도로 구입해야 하는 것들의 목록을 적어봅니다.

원데이클래스를 계획 중이라면 수업 장소가 마련되어 있는지 꼭 확인해보세요. 대중교통과의 접근성 등 수강생들이 방문하기에 편한 환경인지 살펴보는 것도 빠뜨릴 수 없죠. 판매를 메인으로 할 예정이라면 포토존이 잘 꾸며져 있는지, 택배 발송이 가능한 우체국이나 편의점이 주변에 있는지도 잘 살펴보세요.

개인공방

개인공방으로 시작하고자 하는 분들도 월세와 관리비, 공과금 등 기본적인 고정 지출 비용을 확인해보세요. 클래스나 판매 등 어떤 방식으로 공방을 이끌어나가고 싶은지 정하는 것도 중요합니다. 정한 목적에 따라 고려해야 할 요소도 달라지고 인테리어에도 차이가 생겨요.

오프라인으로 클래스나 제품 판매를 할 예정이라면 주변 상권이 가장 중요할 것이고, 온라인으로 클래스나 판매를 계획 중이라면 주변 상권보다는 홍보나 마케팅 방법을 더욱 고민해보세요.

쉐어공방과는 다르게 개인공방에서 추가로 봐야 하는 점은 바로 시설입니다. 개인공방의 경우 임차인인 여러분이 직접 인테리어를 하고 들어가야 합니다. 전체적인 인테리어가 어디까지 되어 있는지, 입주하게 된다면 어느 부분을 수리해야 하는지 등을 꼼꼼히 살펴보며 계약 전에 대략적으로 인테리어 견적을 내보는 것이 좋습니다.

크게 볼 사항은 벽(페인트, 벽지)과 바닥(시멘트, 장판), 조명입니다. 누수, 결로 등 건물에 하자가 있는지도 살펴보세요. 추가로 인테리어를 하게 된다면 비용도 비용이지만 작업 기간이 생각보다 오래 걸릴 수 있습니다. 작업 기간이 길어지다 보면 공방 오픈 날짜를 미뤄야 하기도 해요. 인테리어 비용이 많이 들고 시간이 너무 오래 걸리는 경우 월 임대료를 조금 더 지불하고서라도 다른 곳에 입주하는 것도 고려해보세요.

◆
사업자등록증 발급

마음에 드는 공간을 찾았고 계약까지 완료했다면 이제 사업자등록증을 발급받을 차례입니다. 사업자등록증을 받아야 온라인 플랫폼에 입점하고 기업과 거래를 시작할 수 있어요. 본격적으로 사업을 시작하려는 분들은 꼭 발급받아야 합니다. 신분증과 임대차계약서를 준비해 사업장에 위치한 관할 세무서에 방문해서 사업자등록증을 발급받으세요. 집에서 작게 공방을 운영할 경우 집 주소로도 사업자등록증을 발급받을 수 있어요. 임대인과 협의해 진행하세요.

사업자등록은 크게 일반사업자와 간이사업자 중 1개를 선택해 등록할 수 있는데요. 이 둘의 가장 큰 차이점은 매출액입니다. 보통 연 매출 8천만 원 이하는 간이사업자, 그 이상은 일반사업자로 등록합니다. 처음에는 간이사업자로 등록해도 매출액이 8천만 원 이상이 되면 자동으로 일반사업자로 변경됩니다.

두 번째 차이점은 세금계산서 발행 유무입니다. 일반사업자만 세금계산서 발행이 가능해요. 기업 출강이나 브랜드 콜라보를 진행할 때 대금 거래 시 기업에서 세금계산서 발행을 요청하는 경우가 많으니 참고하세요.

세금 신고에도 차이가 있습니다. 간이사업자는 1년에 2번(1월, 7월) 부가세 신고를 해야 하고, 일반사업자는 부가세 신고 외에 추가로 1년에 1번(5월) 종합소득세 신고를 해야 합니다. 부가세 신고의 경우 혼자서 처리하기가 간단하지만 종합소득세 신고는 좀 더 복잡한 사항이라 세무서를 활용하면 좋습니다.

개인공방 효율적으로 인테리어하는 법

목적에 맞게 구조부터 정한 다음 벽과 바닥, 조명을 신경 쓰자

앞선 글에서 매물을 찾아 계약하고 사업자등록증까지 발급했다면, 이제는 본격적으로 공방을 꾸며볼 시간입니다. 나만의 스타일로 작업실을 꾸민다는 것은 굉장히 설레는 작업이에요. 홈공방이나 쉐어공방은 보통 별도로 인테리어를 하지 않기 때문에 개인공방의 경우로 예를 들어 인테리어를 시작해볼게요!

◆

운영 목적에 맞춰 공방 구조 정하기

수익 창출 구조를 정했다면 운영하고자 하는 목적에 맞춰 공방의 구조를 정해야 합니다. 공방에서 클래스 운영과 제품 판매를 한다고 가정해볼게요. 먼저 클래스 장소, 제품 전시 공간, 포토존, 재료 수납장, 미니 창고가 필요합니다. 처음 공방을 시작하는 분들이라면 10평 이내의 규모로 작게 시작하는 경우가 많기

✕ <조슬린의 우아한 공방> 인테리어 구조

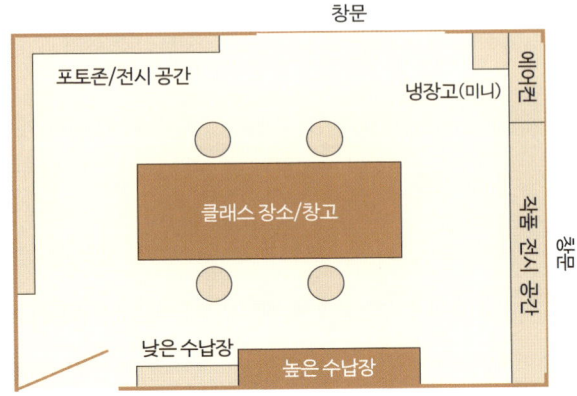

때문에 더욱 효율적인 공간 활용이 필요해요.

제 경험을 말씀드리면, 저는 공방을 처음 시작했던 터라 큰 규모의 장소를 계약하는 것이 부담스러워 6평 남짓 작은 공간에서 시작해 여지껏 생활하고 있습니다. 수익 창출 방법으로는 오프라인 클래스를 메인으로 하되 동시에 온라인으로 제품을 판매하는 방법을 선택했습니다. 따라서 공방 중앙에 클래스를 진행할 수 있는 큰 테이블과 의자를 두었어요. 공방 한편에 긴 창문이 있었는데 창문 반대편에 큰 수납장을 두었고, 창문 옆의 여유 공간에 판매하고 싶은 제품들을 전시 공간으로 만들었습니다. 바로 그 옆에다 작은 공간을 활용해 포토존을 꾸몄죠.

클래스를 위한 테이블과 수납장 및 전시 공간, 포토존 등에 필요한 큼지막한 가구들을 먼저 들이고 나서 여유 공간에 작은 가구들을 배치하기 시작했습니다. 개인 작업 테이블과 냉장고, 에어컨을 남는 공간에 두었죠. 재료를 보관하는 창고가 필요했는데 별도의 공간이 없었어요. 고민 끝에 긴 테이블 밑의 빈 공간을 작은 창고로 활용해서 사용하고 있습니다.

공방 문을 열자마자 수강생분들이 "와!" 하고 환호성을 지르는 경우가 많아요. 작은 공방이 뭐 그렇게 예쁜 걸까? 생각했는데 문을 열자마자 다양한 형형색색의 드림캐처들이 반겨주는 것 같은 느낌이 든다고 해요. 공방 문을 열면 바로 드림캐처 전시 공간이 보여서 그렇게 느끼시는 것 같아요. 공방도 첫 이미지가 중요하기 때문에 처음 문을 열었을 때 보이는 모습에도 신경 써보세요.

◆
인테리어

공방 가구들은 대부분 흰색과 갈색으로 구입했습니다. 드림캐처가 워낙 화려한 색감이라 다른 튀는 컬러로 가구를 배치했을 때 드림캐처가 눈에 잘 띄지 않을 수 있겠다 생각이 들었거든요. 그렇다고 모든 벽을 화이트로 칠하면 조금 밋밋해 보일 것 같아, 문을 열었을 때 정면으로 보이는 한쪽 면에만 민트색으로 벽을 칠해 포인트 컬러를 주었습니다. 통일된 느낌을 주기 위해서 가구는 한 곳에서 한 번에 구입했어요. 미흡하게나마 스스로 인테리어를 해보니, 인테리어는 크게 벽과 바닥, 조명이라는 세 가지 요소에 의해 분위기가 많이 바뀐다는 것을 체감할 수 있었습니다.

벽

벽에 벽지를 바르기도 하지만 상가에서는 대부분 페인트칠을 해요. 페인트는 무광과 유광이 있는데 유광으로 칠할 경우 벽을 청소할 때 편하게 물로 닦을 수 있습니다. 사람을 부를 수도 있지만 제 경우 페인트칠은 직접 했습니다. 개인의 역량에 따라 다르겠지만 페인트 작업은 유튜브 영상을 참고하면서 혼자서 하는 것도 가능하다고 생각해요.

〈조슬린의 우아한 공방〉 셀프 인테리어 전

바닥

바닥은 대표적으로 에폭시(콘크리트 일종)나 장판 작업으로 진행해요. 카페나 레스토랑 등 대부분의 상가에서는 에폭시 작업을 많이 하는데, 작은 규모의 공방이라면 장판 작업도 괜찮습니다. 제 경우 저비용 인테리어를 선호했기 때문에 전문가에게 맡겨 장판으로 바닥을 시공했어요. 바닥은 전문적인 기술이 필요하기 때문에 전문가의 도움을 받는 것이 좋아요. 참고로 벽보다 바닥 시공을 먼저 하게 되면 벽의 페인트가 바닥에 흘러내릴 수 있으니 주의해야 합니다.

〈조슬린의 우아한 공방〉 셀프 인테리어 직후

조명

저는 조명을 별도로 설치하지는 않았지만 조명도 공간 인테리어에 크게 변화를 주는 요소입니다. 중앙에 메인 조명 1개만 설치하는 경우도 있는데, 주위에 스탠드나 작은 벽 조명을 설치한다면 은은하고 고급스러운 분위기를 낼 수도 있어요.

구매해야 할 물건 목록

벽, 바닥, 조명 등 대략적인 인테리어 작업을 끝냈다면 이제 구매해야 할 물건 목록과 대략적인 가격을 적어보세요. 기본적인 물건 목록은 아래와 같습니다.

> 입간판, 수업용 테이블 및 의자, 개인 작업용 테이블 및 의자, 대형 수납장, 오픈형 수납장, 냉장고, 냉난방기, 프린터, 전기포트, 인테리어 소품 등

가구는 통일된 느낌을 주고 싶어서 저렴한 가구점을 찾아 한 번에 구입했어요. DIY로 조립식 가구를 판매하는 곳이 가격이 저렴해서 제일 좋았는데, 생각보다 조립하는 데 꽤 많은 시간이 걸렸습니다. 이것저것 다른 일도 같이 하다 보니 조립에만 일주일 정도가 걸렸던 것 같아요. 미니 수납장, 의자 등 작은 가구들은 저처럼 조립식으로 구입하는 것도 추천드리지만 혼자 들기 무거운 큰 가구들의 경우 가구점의 전문가 서비스를 불러서 조립 대행을 맡기거나 다른 가구 브랜드에서 조립이 완성된 제품을 구매하는 것을 추천드려요.

인테리어 Tip

인테리어 시공 기간에도 임대료가 나가기 때문에 어떻게 인테리어를 할 생각인지 계획한 후 입주와 동시에 신속하게 인테리어를 완료하는 것이 정말 중요합니다. 제 경우 인테리어에 대략 2주 정도가 소요되었어요. 생각보다 시공 시간이 오래 걸리자 꼭 마무리해야 하는 부분들만 정리하고 바로 공방을 오픈했습니다.

셀프로 인테리어를 한다면 인테리어 순서에 대한 팁을 드릴게요.

1. 클래스, 판매 등 공방의 확실한 사용 목적을 정한다.
2. 작업에 필요한 재료들과 수량을 나열한 다음, 재료들의 부피를 적는다.
3. 필요한 재료들을 수납할 수 있는 수납함과 작업 테이블 사이즈를 측정해 가구를 구입한다.
4. 큰 가구들로 공간을 채운 후, 여유 공간을 포토존과 일반 생활 공간으로 꾸민다.

가구를 구입하는 과정에서 특히 저는 수납장의 크기를 정하는 일이 가장 어려웠습니다. 고민 끝에 작업에 필요한 재료들을 쭉 나열하고 각 재료별로 필요한 공간을 적어 모두 더했어요. 재료의 종류를 구분해 저에게 필요한 수납장 칸막이 개수를 정했고, 모든 재료를 담을 크기의 수납장을 구입했습니다.

가구를 넣을 때는 큰 가구들을 먼저 배치하고 나머지 작은 가구들로 빈 곳을 채우는 게 정말 좋은 방법입니다. 또 앞에서 잠시 말씀드렸지만 문을 열었을 때 수강생에게 보이는 공방의 첫 공간도 예쁘게 연출할수록 좋습니다. 공방에서 진행되는 단체 수업에 대비해 확장형 테이블과 접이식 의자를 구입하는 것도 추천드려요. 이케아, 마켓비, 오늘의집 등의 인테리어 제품 사이트에서 감성적인 가구들로 예쁘게 공방을 꾸며보세요.

매력적인 공방으로 어필하는 다양한 방법

명함부터 만들고 네이버 스마트플레이스 등록하자

인터넷에 유명 맛집을 검색하면 상호와 리뷰가 나오는 것을 보고, 처음엔 유명한 장소만 검색이 되나 보다 생각했어요. 알고 보니 등록만 하면 가능한 거였더라고요. 이번 글에서는 네이버 스마트플레이스 등록으로 내 상점을 알리고, 고객들에게 우리 공방을 좀 더 매력적으로 어필할 수 있는 다양한 방법에 대해 소개하겠습니다.

디자인 업체 이용하기

셀프로 명함을 만들 때 '비즈하우스(www.bizhows.com)'라는 사이트를 활용할 수 있습니다. 명함 외에도 라벨지, 리플릿, 배너 등 홍보물이나 패키징 작업을 쉽게 할 수 있도록 도와주죠. 무료로 제공되는 여러 템플릿에 원하는 문구를 넣

셀프 패키징을 쉽게 할 수 있는 사이트, '비즈하우스'

어 간단히 작업할 수 있어 편리합니다. 일러스트나 포토샵을 잘 못하는 분들도 전문가에게 맡기지 않고 쉽게 원하는 홍보물을 스스로 제작할 수 있습니다.

◆

직접 명함 만들기

일러스트레이터나 포토샵 프로그램을 사용해 명함을 직접 만들 경우 보통 가로 90mm, 세로 50mm 사이즈로 제작합니다. 명함이나 리플릿 등 홍보물 제작 시 유의해야 하는 사항이 있어요. 원하는 최종 결과물보다 가로, 세로 약 2mm 정도 여유 있게 디자인해야 한다는 점입니다. 인쇄 후 종이를 재단하는 과정에서 여유가 필요하기 때문이에요.

셀프로 제작한 〈조슬린의 우아한 공방〉 명함 및 리플릿

　명함 앞면에는 보통 공방 로고를 넣고 뒷면에는 공방 이름과 작가명, 전화번호, 이메일, 홈페이지, 인스타그램 아이디 등 고객들에게 알리고 싶은 사항을 기재합니다. 앞서 3장에서도 언급했지만 저는 그래픽으로 그림을 그리는 취미가 있어, 제가 직접 그린 튤립 그림을 활용해 스스로 명함을 제작했습니다.

　전문적으로 명함을 제작하고 싶다면 디자이너에게 의뢰해보세요. 각 분야 전문 프리랜서들이 모여 있는 '크몽(kmong.com)'이나 '숨고(soomgo.com)' 사이트를 추천드립니다. 명함 외에도 쇼핑몰 상세페이지 제작, 사진 촬영, 인테리어 등 도움이 필요한 부분에서 관련 서비스를 찾아보고 적극 활용해보세요.

　전문 디자이너에게 의뢰하기 전 독자분들이 미리 준비해야 하는 사항들이 있습니다. 원하는 명함 콘셉트 2~3가지와 뒷면에 기재할 내용들을 정리하는 일이에요. 처음 디자인 의뢰를 맡기게 되면 무턱대고 디자인 콘셉트까지 잡아달라고 하는 경우가 많은데, 원하는 콘셉트를 디자이너에게 명확히 전달해야 수월한 작업이 가능합니다.

네이버 스마트플레이스 등록

보통 맛집이나 카페를 네이버에 검색해서 찾아갈 때 매장 주소와 운영 시간, 메뉴판, 리뷰 등을 확인하고 방문하죠. 그런데 이 가게들은 어떻게 등록되는 걸까요? '혹시 유명한 장소만 네이버에서 선별해 자동으로 등록해주는 건가?' 저도 처음에는 그렇게 생각했습니다.

예전에 쉐어공방에서 함께 일했던 사장님네 공방이 네이버 검색 시 나오는 것을 보고, 어떻게 하는 것인지 여쭤보며 '네이버 스마트플레이스'를 알게 되었어요. 알고 보니 네이버 내에서 매장을 직접 등록할 수 있었습니다. 스마트플레이스에 등록할 때는 공방 상호만 검색되게 할지, 방문자 리뷰를 받을지 유무도 선택할 수 있습니다. 공방에 방문한 사람들이 별점과 간단한 리뷰를 남겨준다면 다음 수강생들이 후기를 참고해서 클래스를 신청할 수 있게 되겠죠.

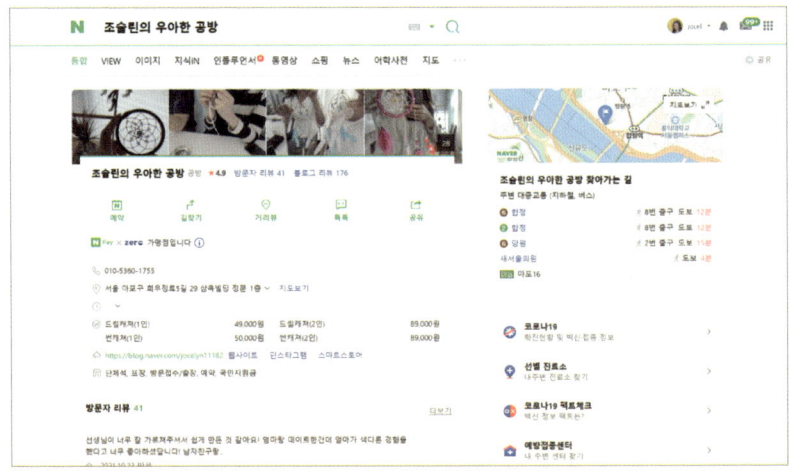

네이버 스마트플레이스 서비스에 등록된 〈조슬린의 우아한 공방〉

네이버 예약 서비스 등록

공방 초창기에는 네이버 스마트스토어에서 클래스 티켓을 판매하며 수업 예약을 받았습니다. 요즘에는 '네이버 예약'을 통해 클래스를 예약받고 있는데 네이버 스마트스토어의 경우 클래스 취소 시 환불 금액을 제가 직접 계산해 진행했어야 했던 반면 네이버 예약으로 바꾸니 환불 기준을 적어두면 자동으로 정산해주기 때문에 굉장히 편리합니다. 수강생 입장에서도 네이버에 제 공방을 검색하면 바로 클래스 예약 페이지로 이동하기 때문에 수업 예약을 빠르고 간편하게 할 수 있습니다.

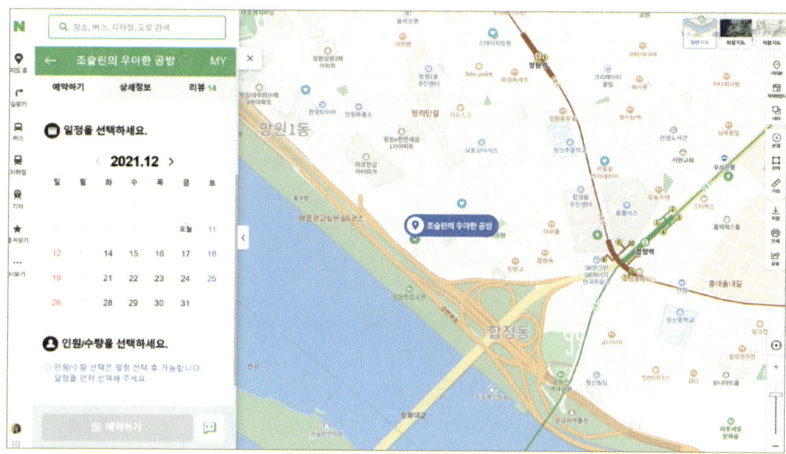

네이버 예약 서비스

네이버 톡톡 등록

스마트플레이스 등록 후 네이버에 공방 이름을 검색하면 '톡톡'이라는 초록색 아이콘이 보일 거예요. '네이버 톡톡'이라는 기능입니다.

 고객들이 카카오톡으로 문의를 남기려 할 경우 공방의 카카오톡 아이디를 검색하고 공방을 친구로 등록해야만 메시지를 보낼 수 있는 반면 네이버 톡톡은 별도로 친구 등록을 하지 않고도 채팅을 이용할 수 있다는 점이 굉장히 편리합니다. 젊은 층의 수강생들은 전화보다 메시지를 더욱 선호하기 때문에 전화 문의보다 톡톡 문의가 더 많은 편입니다.

 이 기능은 '네이버 톡톡 파트너센터'라고 검색해 등록할 수 있고, 네이버 블로그에도 연동해 사용할 수 있습니다.

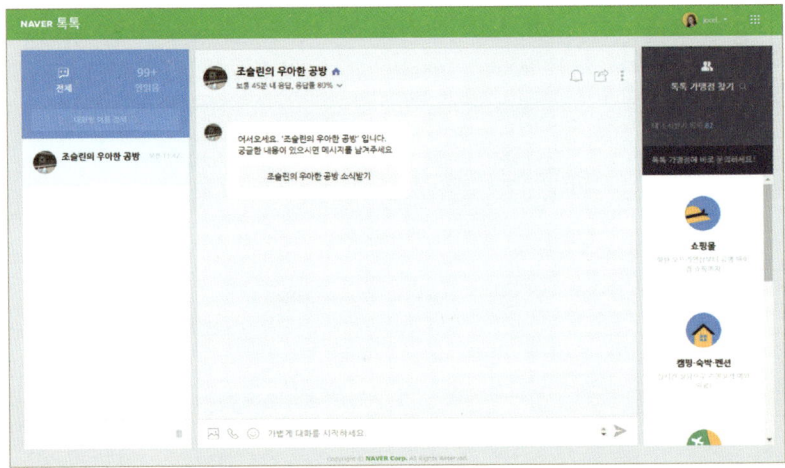

네이버 톡톡 서비스

카카오 플러스친구 등록

흔히 '플친'이라고 하는 '카카오 플러스친구'도 함께 사용하고 있어요. 아무래도 카카오톡이 대중적인 메신저이기 때문입니다. 처음에는 이 서비스가 있는지도 몰라 개인 카톡으로 문의를 받았는데, 이제는 플러스친구를 통해 출강이나 클래스, 제품 관련 문의를 받고 있어요. 플러스친구로 문의를 받게 되면 고객들의 리스트를 한 번에 볼 수 있어요. 개인 인맥과 구분이 되니 편리합니다. '카카오 비즈니스'로 검색해 들어가면 채널 생성이 가능합니다.

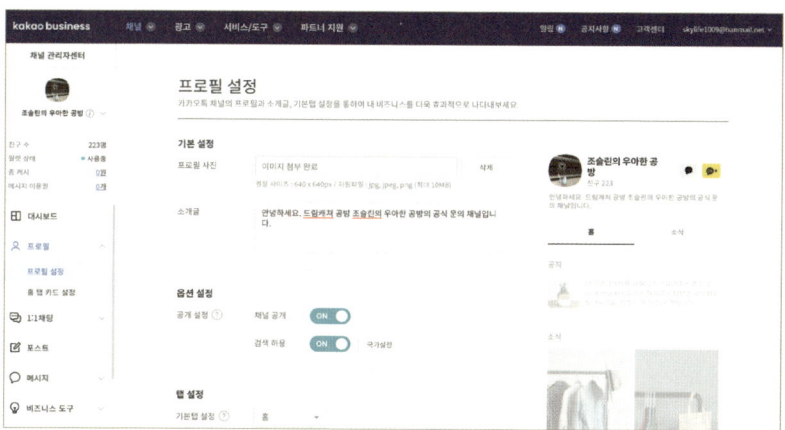

카카오 플러스친구 서비스

이번 글에서는 제가 공방을 운영하며 깨달았던 소소한 팁들을 공유하면서, 공방을 좀 더 매력적으로 어필할 수 있는 다양한 방법에 대해 소개했습니다. 저의 시행착오가 독자 여러분의 시작에 유용한 거름으로 활용되기를 바랍니다.

MISSION 4

공방 운영 3-Step을 기준으로
당장 시작할 일 정하기

독자분들께 드리는 마지막 미션입니다. 혹시 오른쪽의 이 그림을 기억하시나요? 공방 운영을 3-Step으로, 즉 제품을 기획하고 홍보 및 마케팅하는 첫 번째 단계, 클래스와 판매를 통해 수익 활동을 하는 두 번째 단계, 수익 활동으로 소진된 재료의 재고를 관리하고 회계 처리를 하는 세 번째 단계로 나눴었죠. 앞선 글에서 독자분들과 함께 실제로 공방을 창업한다 생각하고 창업 시뮬레이션을 해보았는데요. 본격적으로 공방을 시작하기 위해 이 3-Step을 기준으로 현재 자신이 해야 하는 업무들을 구체적으로 하나씩 나열해 적어보는 미션을 드리겠습니다.

타깃층을 설정해 클래스와 판매 기획하기, 수익 구조 정하기, 홍보 및 마케팅 방법 구상하기 등. 현재 자신의 상황에 맞춰 차분히 떠오르는 생각을 정리해보세요. 공방 운영 3-Step을 바탕으로 처음에는 일주일 계획표를 작성해보다가 어느 정도 안정적으로 공방이 운영된다면 한 달, 나아가 일 년 계획표도 작성해보세요.

× 공방 운영 방법 3-Step

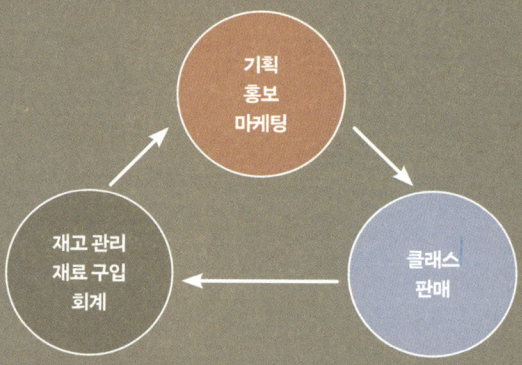

그럼, 여러분의 시작을 응원합니다!

당장 시작할 일

*

*

*

*

부록

조슬린's Q&A

Q1 한 사람이 여러 아이템으로 공방을 운영하기도 하나요?

물론입니다. 한 가지 이상의 아이템으로 공방을 운영하고 있는 경우가 많아요. 저도 공방 클래스로는 드림캐처, 썬캐처, 자개모빌 클래스를 운영하고 있으며, 기업 출강으로는 마크라메, 마스크 만들기, 명화 그리기 등 다양한 아이템으로 행사에 참여하고 있습니다. 다른 공방은 향수, 비누, 캔들처럼 현재 자신의 아이템과 관련 있는 아이템으로 확장해서 운영하고 있는 곳이 많습니다.

Q2 핸드메이드 세계에서 디자인 도용이 심각하다고 알고 있는데, 방지할 방법은 없나요?

많은 시간과 혼을 담아 기획한 나만의 디자인이 도용되는 경우가 종종 발생하곤 하죠. 안타깝게도 현재로서 디자인 도용을 완벽하게 방지할 수 있는 방법은 없습니다.

다만 디자인 보호를 위해 특허청에 디자인을 등록하는 방법이 있습니다. 그러나 이것 역시 핸드메이드 제품을 촬영하고 도안을 작성하는 등 개인이 혼자 등록하기에는 어려움이 있어요. 보통 변리사를 통해 진행하고, 디자인 1건당 비용은 통상 몇십만 원대입니다.

공방에서는 기획하는 제품이 워낙 많기 때문에 사실상 모든 제품에 디자인 등록을 하는 것은 정말 어려운 일입니다. 이 점이 악용되는 경우도 더러 발생하는데요, 혹여나 디자인 등록이 완료된 제품을 내가 실수로라도 도용하게 된다면 출원자에게 독점권이 발생하기 때문에 법적 책임을 지게 되고 손해배상금액이 청구될 수 있습니다.

디자인 도용을 방지할 또 다른 방법으로「부정경쟁방지 및 영업비밀 보호에 관한 법률」의 보호를 받는 방법 있습니다.「디자인보호법」을 보완하기 위해 만들어진, 무분별한 상품 모방을 방지하기 위한 법률입니다. 만일 누군가가 여러분의 브랜드 네이밍, 제품의 포장, 상표 또는 표지 등의 디자인을 유사하게 훔쳐 사용했을 때 그것을 법적으로 '부정경쟁행위'로 볼 수 있다면 효과가 있는 법이에요. 그 아이디어가 사업에 '특별한' 경우, 즉 일반적이지 않고 독창성이 있는 경우에는 그 사업 구상을 보호받을 수 있어요. 대신 이미 관련 업계에 잘 알려진 발상이라면 부정경쟁행위로 인정되지 않아요. 자세한 요건은 법률을 좀 더 상세히 찾아보길 추천합니다.

Q3 ● 저작권 등록은 어떻게 하면 좋을까요?

저작권 등록은 문학, 예술, 학술에 속하는 창작물에 대한 권리를 등록하는 일입니다. 디자인 등록과 비교해서 말씀드려볼게요. 디자인 등록은 출원과 등록 절차가 필요하고 비용도 몇십만 원대로 높은 편입니다. 그러나 저작권 등록은 출원, 등록 절차가 필요 없고 비용도 몇만 원대로 상대적으로 저렴한 편이죠.

저작권은 창작과 동시에 권리가 발생하기 때문에 필수로 등록해야 하는 것은 아닙니다. 저작권 등록을 하지 않았는데 제품 디자인 카피가 발생했을 경우 해당 저작물을 자신이 최초로 만들었다는 것을 증명하기만 하면 됩니다. 예를 들어 블로그나 인스타그램 등 개인 SNS에 업로드된 사진과 날짜로 증명하는 방법이죠. 기록에 남아 있을 경우 적절한 대응이 가능하기에 저작권 등록이 반드시 필요한 것은 아니지만 자신이 최초로 제품을 만들었다는 기록이 없다면 권리를 주장할 수 없으므로 이 경우를 대비해 저작권 등록을 해두는 것이 더 좋습니다.

Q4 퇴사를 하고 시작하는 게 좋을까요, 직장을 다니면서 시작하는 게 좋을까요?

모든 선택을 존중하지만 개인적으로 직장을 다니면서 천천히 공방을 시작하는 것을 추천드립니다.

투잡으로 시작하는 것이 정신적으로나 체력적으로나 매우 힘든 일이라는 것을 압니다. 그러나 저는 마음이 풍요롭고 안정적일 때 사업 방향성이나 디자인 아이디어가 더욱 잘 떠오른다고 생각합니다. 핸드메이드 제품은 손으로 만드는 만큼 심리적인 상태도 제품 제작에 많이 반영되니까요. 경제적으로 든든하게 준비되지 않은 상황이라면 투잡이 심리적인 안정감을 일정 부분 채워주지 않을까 생각합니다.

Q5 출강을 주로 다니고 싶은데요. 준비물이 적고 위험 요소가 적은, 추천할 만한 아이템이 있다면 알려주세요.

준비물과 위험 요소가 적은 아이템은 굉장히 많이 있을 것 같아요. 요즘은 환경과 위생이 중요시되는 시기이니 공기 정화에 도움이 되는 식물을 이용한 행잉 플랜트나 테라리움 등의 클래스를 기획해볼 수도 있습니다. 혹은 아트 클래스로 사람 또는 반려묘 초상화 그리기, 종이로 꽃을 만드는 페이퍼플라워, 가죽 공예, 마크라메 등도 출강하기 좋은 아이템입니다. 별도의 재료 없이 전문적인 지식 위주로 강의하는 와인이나 티 소믈리에도 좋은 강연이 될 것 같네요.

Q6 ● SNS는 꼭 해야 하나요?

요즘 시대에 SNS는 필수라고 생각합니다. 큰 비용을 들이지 않고 원하는 방향으로 자신과 브랜드를 알릴 수 있기 때문이죠. 제품을 기획하고 만드는 것만큼 홍보와 마케팅에 힘을 싣는 것도 매우 중요합니다. 저는 초창기에 SNS를 굉장히 열심히 했는데요, 그것이 공방을 빠르게 성장시킨 비결이라고 생각합니다. SNS를 하는 것이 너무 어렵고 부담스러울 때는 마케팅 업체를 통해 홍보하는 방법도 추천드립니다.

Q7 ● SNS에서 제일 반응이 좋은 사진은 어떤 사진인가요?

가장 반응이 좋은 사진은 운영자 개인의 일상 사진이나 사적인 이야기가 담긴 게시물입니다. 이것이 바로 제가 개인 계정과 브랜드 계정을 통합해 운영하고 있는 이유죠. 제가 드림캐처 사진만 연이어 업로드한다면 팔로워분들이 제 인스타 계정을 광고 계정으로 인식하는 일이 발생해요. 그러나 작품 사진과 콘텐츠에 제 개인 스토리를 조금씩 공유하면 팔로워분들의 관심도도 높아지고 댓글도 많이 달립니다.

Q8 ● 핸드메이드 수익화가 가장 잘될 때는 얼마까지도 벌 수 있나요?

그때그때 상황에 따라 다르지만 출강이 정말 많은 달에는 1,500만 원 이상의 매출을 달성한 적이 있어요. 손으로 제품을 만들어 판매하는 직업이다 보니 수입에 한계가 있지는 않을까 걱정했었는데 '수공예 직종의 1인 기업이더라도 어느 정도 큰돈을 벌 수 있구나.' 생각하게 된 계기가 되었죠.

Q9 ● **핸드메이드 시장에서 가장 값이 높은 아이템은 무엇인가요?**

똑같은 아이템이라 할지라도 작가에 따라서 가격이 천차만별입니다. 그림으로 생각하면 쉬워요. 도자기의 경우 그릇 하나에 몇만 원에서 몇십만 원대로 가격이 모두 상이합니다. 대부분 값이 높은 아이템은 기본 재료비가 높고 제작 시간도 긴 아이템들인데요, 금과 은, 도자기, 스테인드글라스 정도입니다. 언급되지 않은 아이템이라 할지라도 들어가는 재료비나 제작 시간, 난이도, 차별성 등에 따라 가격이 높아질 수 있습니다.

Q10 ● **공방을 하면서 꼭 장만해야 하는 것이 있다면요?**

여름 장마철이었어요. 예전에 쉐어공방에서 비누를 만들던 작가님이 만들어둔 비누가 자꾸 눅눅해진다고 눅눅해진 부분을 몇 차례 잘라내는 것을 본 적이 있어요. 비누나 종이처럼 습기에 약한 아이템을 취급한다면 제습기가 꼭 필요할 것이고, 스테인드글라스처럼 납땜을 해야 하거나 캔들처럼 냄새가 발생한다면 적절한 환풍 시설이 꼭 필요합니다. 대부분의 핸드메이드 재료는 공장에서 제작되어 나오다 보니 아무래도 먼지가 조금씩 쌓여 있는 편이에요. 공통적으로는 공기청정기가 필요합니다. 작업 전후로 환기를 잘 해줘야 여러분의 건강에도 좋습니다.

Q11 ● **생각보다 작업 시간이 오래 걸리는데요. 커스텀으로 아이템을 제작해 판매한다면 제작 시간을 얼마나 잡아야 할까요?**

작업자의 개인차가 있어서 정확하게 말씀드리기는 어렵지만 개인적으로 커스텀 아이템은 1개당 3시간 이내가 적절하다고 생각해요. 핸드메이드로 작품을 만든다는 것은 생각보다 고도의 집중력이 필요합니다. 섬세한 작업을 필요로 하는 제품인데 커스텀으로 제품 전체의 아이디어 틀을 새롭게 짜야 한다면 3시간이 넘는 작업 과정에서 고려해야 될 리스크 요소가 많습니다.

1시간의 작업은 실수가 발생해도 다시 시작할 만큼의 정신적 여유가 있고, 그만큼 작업에 부담이 없으며 작업 결과에 대한 피드백도 바로바로 이루어집니다. 하지만 2시간 넘게 작업했는데 실수가 발생한다면 어쩌면 처음부터 시작해야 될 수도 있어요. 언제까지 작업해야 하는지에 대한 계산도 흐려지죠. 하물며 4~5시간 정도의 작업량을 필요로 하는 대형 프로젝트라면 심리적 부담감뿐만 아니라 체력도 상당히 요하게 됩니다. 물론 제작 시간이 짧으면 제작 속도를 눈으로 직접 확인할 수 있으니, 탄력을 받아 더 빠르게 만드는 것도 가능합니다.

Q12 ● 저만의 차별성으로 흔한 아이템을 새로운 아이템으로 바꾸었는데요. 가격 측정을 어떻게 해야 할지 모르겠습니다.

들어가는 재료와 제작 시간에 따라 금액이 달리 책정되겠지만 기존 아이템과 비교했을 때 디자인만 차별화했을 경우 최소 1.5~2배가 적당하다고 생각합니다. 그 이상을 받아도 괜찮아요.

핸드메이드 제품은 가격보다는 희소한 디자인을 추구하는 사람이 많이 찾곤 합니다. 10만 원대의 드림캐처도 종종 판매되는 것을 보면 가격이 비싸더라도 마음에 드는 제품을 구매하겠다는 게 핸드메이드를 찾는 소비자의 심리가 아닐까 해요. 처음 가격은 원하는 금액으로 책정하되 소비자들의 반응에 따라 가격을 조절해도 좋을 것 같네요.

에필로그
×××××

새로운 시도를
망설이는 당신에게

완전히 혼자였던, 너무도 힘들었던 순간이 있었습니다. 괴롭고 힘이 드는데도 누구에게도 제 감정을 말하지 못했던 순간이 있었어요. 힘들다고 말하면 누구든 그만두라고 할까 봐 무서웠거든요.

공방을 처음 시작할 때 주위 친구나 지인들, 회사 선배들은 대부분 공방 창업을 하지 말라고 말렸습니다. 저를 철없게 보는 시선도 있었어요. 그래서 부모님께도 차마 말씀드리기가 어려웠죠. 딸이 공공기관에 다닌다는 것을 자랑스럽게 여기고 계셨으니까요. 이런 사정들로 어렵게 찾은 보물 같은 일을 더 이상 못하게 될까 봐, 힘들 때 아무에게도 힘들다고 말하지 못했습니다.

당시에는 공방 창업에 대한 강의도, 멘토도 없었고, 마음 나눌 사람도 없었어요. 더욱 외롭고 치열하게 혼자만의 싸움을 이어갈 수밖에 없었습니다. 반대하던 사람이 많았기 때문에 힘들어도 오기로 더 잘해보자고 마음먹긴 했었지만 결심은 혼자만의 것이었고 제 의지는 현실의 벽 앞에 너무도 나약했어요.

사실 이뿐만이 아니라 공방을 하면서 힘든 순간들은 정말 다양하게 찾아옵니다. 1인 기업이다 보니 가이드가 없어 막막하고, 하나부터 열까지 모두 혼자서 신경 써야 하죠. 내가 아파도 나를 대신해줄 사람이 없다는 중압감은 어깨를 무겁게 만들고, 올바른 방향으로 가고 있는 건지 피드백해주는 사람이 없어 문득문득 불안해집니다. 원래 누군가의 잔소리를 싫어하던 제가, 나중에는 옆에서 잔소리해줄 사람을 찾고 있더라고요.

그러나 이 시점에서 저는 다시 말하고 싶습니다. 힘들었던 순간과 함께, 기쁘고 보람찼던 순간도 분명하게 존재했다고요.

'사업을 하면 1천 배는 힘들고 1천 배는 즐겁다'는 말이 있습니다. 제게는 그 말이 딱 맞았습니다. 공방의 성장을 저보다도 더 기뻐해주는 수강생을 만날 때, 만든 작품이 아름답다고 인정받을 때, 사람들에게 새로운 경험을 선물하고 있다고 생생히 느껴질 때, 무엇보다 내가 스스로 계획한 일을 실천해 성취감을 느끼게 될 때. 그 모든 순간 하나하나가 정말 스릴 있고 짜릿했어요.

가장 보람찼던 순간은 아무래도 저의 첫 브랜드 콜라보, 안나수이 행사를 무사히 마쳐냈던 순간입니다. 회사에서 매달 나오는 안정적인 월급이 얼마나 귀한지 점차 알아가면서, 회사 밖에서는 아무것도 할 수 없다는 생각이 들어 나 자신에게 실망하고 있을 때, 더 이상 회사가 아닌 제 이름 석자로 돈을 벌 수 있다고 느낄 수 있었던 최초의 순간이었습니다. '스스로 자립해서 살아갈 수 있겠구나.' 그 사실이 정말 기뻤어요. 백화점에서 진행했던 문화 클래스 중 가장 만족스러운 시간이었다는 안나수이 VIP 고객님들의 찬사 역시 제가 드림캐처 공방을 시작할 용기가 되어주었습니다. 다시 한번 감사의 말씀을 전하고 싶네요.

마지막으로 책을 중간에 덮지 않고 여기까지 오느라 고생하신 여러분들께 '나 자신에게 솔직해져도 괜찮다'는 말씀을 드리고 싶습니다. 저는 어릴 때부터 사회적인 기준에 따라 살아가는 방법을 배웠거든요. 그게 가장 옳은 길이라 믿었죠. 그러나 그렇게 살다 보니 어느새 제 인생은 텅 비어 있었습니다. 회사를 다닐 때는 죽어 지내는 기분이었고요.

    제가 좋아하는 일을 시작하고 나니 이제는 살아 있음을 느낍니다. 좋아하는 일을 해보고 싶다는 제 감정에 진솔해지니 점점 더 확신을 갖게 되고요. 더 잘하고 싶고, 더욱 성장하고 싶은 제 욕심과 마음의 언어를 이제는 열심히 따라가보려 해요. 여러분도 지금보다 조금 더 스스로의 마음을 올곧게 바라보시는 건 어떨까요.

    멘토가 없어 힘들었던 경험이 공방 창업 책을 만드는 일로 이어지게 되었습니다. 이 책이 부디 새로운 시도를 망설이는 당신에게 가이드가 되었으면 합니다. 해보세요! 분명히 해낼 수 있어요. 독자분들의 인생이 지금보다 조금은 더 뜨거워지길 바라며, 저 역시 늘 그렇듯 저만의 자리에서 열심히 공방을 운영해보겠습니다.

조슬린

공방학개론

발행일 2022년 5월 30일 (1판 1쇄)

지은이 조슬린

발행인 김윤환
출판 총괄 유진 | **편집** 김상화 이한나 허주영 김명재
디자인 총괄 조중현 | **표지 디자인** 안지연
사진 윤당

발행처 (주)탈잉
신고 2020년 2월 11일 제2020-000036호
주소 서울특별시 강남구 테헤란로 625 6층
이메일 books@taling.me
팩스 02-6305-1607
홈페이지 www.taling.me
블로그 blog.naver.com/taling_me
페이스북 @taling.me | **인스타그램** @taling_book

ⓒ 조슬린, 2022

ISBN 979-11-92258-13-3 (13320)

- 책값은 뒤표지에 있습니다.
- 잘못된 책은 구입하신 곳에서 바꾸어 드립니다.
- 이 책은 저작권법에 따라 보호받는 저작물이므로 무단 전재와 무단 복제를 금하며,
  이 책의 전부 또는 일부를 이용하려면 반드시 저작권자와 (주)탈잉의 서면 동의를 받아야 합니다.